相続・事業承継に強くなる！

事例でわかる

税理士のための
民事信託

～「いつ・何を・どのように」がスラスラ頭に入る！～

税理士 菅野真美 ［著］

第一法規

はじめに

　高齢化社会の進行とともに、遺産分割や相続のあり方が多様化し続ける近年、民事信託をはじめとする相続や事業承継の手法に精通していることを、自事務所の差別化ポイントとしてアピールしている税理士事務所が多く見受けられるようになりました。

　この本は、相続や事業承継に強みを持ちたい税理士の方向けに、民事信託の基礎知識や具体的な手続きから税務の取扱いまでを、著者自身がこれまで行ってきた民事信託関連の相談や講演での経験を踏まえてわかりやすく解説した入門書です。

　民事信託の実務内容とその進行スケジュール、知っておくべき法律知識、信託組成にあたって注意すべき点や留意しておくべき点など、税理士として民事信託に関わる際に必須となる「いつ・何を・どのように」を、信託の設定時から設定後までの時系列に沿ったストーリー形式にまとめました。

　執筆にあたっては、税理士の皆さまが、法律についてあまり詳しくないお客様に信託の仕組みを実際の現場で説明するときのことを念頭に置き、できるだけ日常的な言葉や表現を用いるように心がけました。

　本書が、皆さまの民事信託へのご理解を深め、実務においても一助となれば幸いです。

令和2年1月

菅野　真美

目 次

はじめに

第6章 信託を運営する ⋯⋯⋯⋯⋯⋯⋯⋯⋯⋯⋯⋯⋯⋯⋯⋯⋯ 69

凡　例

　本書では、本文中では原則として正式名称を用い、カッコ内において、以下の略称を用いています。

（※相続税法施行規則30条7項5号は、（相則30⑦五）と記述しています。）

略称	正式名称
国通法	国税通則法
所法	所得税法
措法	租税特別措置法
措令	租税特別措置法施行令
措通	租税特別措置法（相続税法の特例関係）の取扱いについて（法令解釈通達）
相法	相続税法
相規	相続税法施行規則
平成30年附則	平成30年租税特別措置法附則

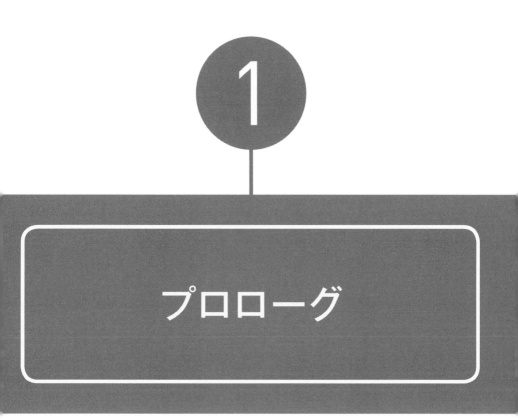

1

プロローグ

　シングルマザーの山田花子税理士は、父親が開業した税理士事務所を引き継いで経営しています。山田事務所の年一確定申告だけのお手伝いをしている顧問先の一人に鈴木太郎さんがいます。

　鈴木太郎さんは、東京都△△区に住んでいます。鈴木家は、ずっと昔から住んでいたようで、太郎さんもお父さんから住居以外の土地も相続していました。以前は、太郎さんも自分の土地の上で個人で雑貨屋業と貸店舗、貸家業を営んでいました。その関係で、山田税理士事務所に確定申告を頼んでいました。ところが、14，5年ほど前に太郎さんの住まいのある地域の大規模再開発で、太郎さんの所有していた土地についても収用が行われることになりました。太郎さんもサラリーマンならとっくに退職している年齢であり、雑貨屋業の先行きも見えないことから、収用により受け取ったお金の一部を原資に、収用のかからなかった土地の上に賃貸兼用住宅（以下「鈴木ハウス」といいます。）を建てて、そこで暮らすことにしました。また、年金だけでは生活費としては不足があるので、部屋を貸して賃料を生活費にあてています。東京は賃料が高いので、少ない部屋数であっても、そこそこの収入を得ることができます。

　太郎さんの家族は、奥さんの秋子さん、娘の春子さんと冬子さんの3人です。春子さんも冬子さんも結婚して家庭をもっています。春子さんは夫の仕事の関係で、長年、関西に住み、神戸にマンションも買いました。子供は既に独立して、春子さんとは別の場所で暮らしています。春子さんの夫は早期退職制度を利用して会社を退職し、退職後は神戸よりも生まれ育った東京に戻って暮らしたいと考えているようです。冬子さんの夫は、全国展開の専門商社の会社員で転勤が多いことから、冬子さんも頻繁に引っ越しをしています。

　そんな太郎さんですが、確定申告時期でもないにもかかわらず、山田税理士に相談したいことがあるといって事務所に訪ねてきました。

【登場人物】

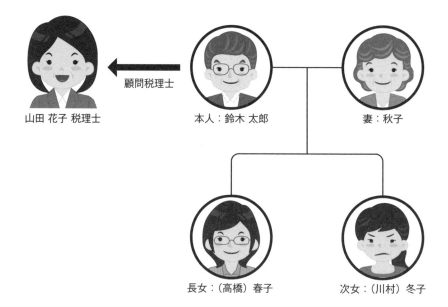

顧問税理士

山田 花子 税理士　← 本人：鈴木 太郎　　　妻：秋子

長女：（高橋）春子　　　次女：（川村）冬子

太郎

　実は、私、最近、医者から余命宣告を受けまして、とても
ショックを受けています。自分の人生の終わりを知らされて、
まず、心配したのが、妻の秋子のことです。秋子は、言いたい
放題のわがままな子供が大きくなったような人で、なぜか、他
人を信じきるところもあり、お金を管理するということがさっ
ぱりできません。秋子も親から土地を相続しましたが、高校時
代のあまり親しくない友達の借金の保証人を深く考えず引き受
け、結局、すべて手放してしまいました。ただ、プライドも高
いので他人にお金をせびるようなことはしません。見栄を張る
ような性格でもないです。

　私は、収用でそれなりの大金を手に入れ、建物代を使っても
余った部分については定期預金にして、通帳も印鑑も秋子の手
の届かないところに保管しました。もし、秋子がそれを使える
ようになると、誰かにお金をだまし取られるようなことが起こ
りかねません。また、相続で秋子がお金や賃貸兼用住宅を手に
入れると、あっというまに換金して使ってしまいかねません。
それでは、秋子が生活に困ってしまうし、ご先祖様から引き継
いだ最後の土地ですので、これを売ったら鈴木家も終わりで
す。

　ですから、鈴木ハウスで秋子が生活できるようにして、秋子
の生活費は、月々の賃料から賄えるようにしたい。そして、単
に相続でポンと秋子に渡すのではなく、誰かにきちんと秋子の
お金と生活の管理を頼みたい。誰ができるかというと、春子で

はないか。春子は神戸に家があるが、旦那ともども東京に戻りたいと思っているようだ。鈴木ハウスも、最近1件空き室があるから、そこに春子が夫と住めばいいのではないか。春子に秋子の面倒をみてもらって、秋子が死んだら、鈴木ハウスは春子が引き継いで守ってくれたらいいと思います。冬子は、昔からまったく連絡をしてこないので、いまどうなっているのかよくわかりません。最終的に春子が鈴木ハウスを引き継ぐと、冬子から不満が出るかもしれないから、そのかわり、私が死んだら、冬子には春子より少し多めに私のお金を渡して納得してもらおうかなと思っています。

　先生、こんな私の悩みを解決してくれるいい方法はないでしょうか。

2

太郎さんの希望を
叶える方法を考える

山田税理士のひとりごと

　山田税理士は、鈴木さんの相談を受け、非常に驚くとともに早急に解決方法を考えなければならないと思い、頭をフル回転しはじめました。

　鈴木さんのニーズを整理すると…

・太郎の死後、秋子の生活が心配だ。

・秋子が財産を手に入れると、あっという間に財産を使い果たすかもしれない。

・春子が財産の管理をして、鈴木ハウスの賃料収入を生活費に充てて、秋子の面倒をみてほしい。

・その代わり鈴木ハウスは春子に引き継いでもらいたい。

・冬子には、太郎の相続の時に春子より少し多めにお金を渡して納得してもらいたい。

　このような太郎のニーズを満たす手法として考えられるのは、まず、成年後見制度であり、遺言です。それから、最近、相続法の改正があって、新たに配偶者居住権の設定が可能になるようなので、それも含めて、どのような制度なのか、鈴木さんの希望を叶える方法として利用できるのかを検討することにしました。

1　成年後見制度

　高齢になって、認知症等による判断能力の衰えで自分の意思でどのようなものかを判断して契約を結ぶようなことができなくなった人に対して、最後まで自分らしく生きていけるようにサポートする制度として成年後見制度があります。

　成年後見制度は、大きく分けて、法定後見制度と任意後見制度に分かれ、法定後見制度は、対象となる方の意思能力のレベルに応じて、成年後見、保佐、補助の3つの制度に分かれます。

高齢者は物忘れがひどくなるといわれますが、物忘れがひどくなる場合と意思能力がなくなる場合の違いを、朝ごはんを例にとって説明すると、物忘れが激しい場合とは今朝食べた朝ごはんの献立が何かが思い出せなくなることであるのに対し、意思能力がなくなる場合とは今朝朝ごはんを食べたこと自体わからなくなるようなことです。

　成年後見は、対象となる方の判断能力が衰えた時点で、家族等が家庭裁判所に成年後見人の申立てを行い、家庭裁判所の審判を経て効力が生ずることになります。法定の成年後見人は、成年被後見人のために財産の管理をしたり、介護施設の入居契約のような法律行為を行ったりします。たとえば、振り込め詐欺に成年被後見人の方が引っかかって、高額な商品を買わされた場合、成年後見人は売買契約を取り消すことができます。成年被後見人は、意思能力がない人が対象とされ、成年後見人の申立てをする場合は、成年被後見人となる人の医師の診断書の添付が必要となります。

　法定の成年後見人は、本人の意思能力がなくなった時点からスタートすることから、本人は誰が成年後見人になるかわからない場合が多くあります。自分の人生に大きな影響を与える成年後見人が誰なのかは本人にとって極めて重要なことです。そこで本人が元気なうちに誰が成年後見人になるかを決めておき、いざ、意思能力がなくなった時点で、成年後見人を監督する人（任意後見監督人）を家庭裁判所に申し立てて、審判によりスタートする制度として任意後見制度があります。任意後見制度の場合、成年後見人を本人が選べるメリットはありますが、本人が先ほどの詐欺に引っかかった場合であったとしても契約を取り消す権限を任意後見人は有していません。

　秋子の場合はどうかと山田税理士は考えました。秋子は、過去に友人の保証人を簡単に引き受けて相続財産をすべて失ったように、詐欺のかもに非常になりやすい傾向の人です。しかし、秋子には意思能力がある

ことから、成年被後見人になることはできず、秋子が行った契約について成年後見制度を使って取り消すことはできません。

　それでは、保佐人や補助人をつけるのはどうかと考えました。保佐人や補助人は、本人の意思能力は成年被後見人ほど衰えていませんが、自分一人で意思決定をすることについて問題がある人についてサポートする制度です。

　保佐人の場合は、意思能力が著しく不十分な方に対して、例えば、不動産の売却や借金をするような法律で定めた一定の行為については保佐人の同意が必要で、保佐人の同意なく、勝手に取引を行った場合は保佐人が取り消すことができます。一方、補助人の場合は、意思能力が不十分な方について、任意に定めた一定の行為について、補助人の同意が必要で、補助人の同意なく勝手に本人が行った一定の取引について補助人が取り消すことができます。もちろん、保佐人や補助人は裁判所の認めた一定の取引について代理権を有することもあります。

　いずれも、成年後見人と同様に医師の診断書を添えて家庭裁判所に申立てをする必要があり、秋子の場合、医師の診断書がとれるかどうかという疑問があります。本人保護という視点で考えると、本人が勝手に行った行為を、後で保佐人や補助人が取り消すことは大変なメリットですが、相手方からしたら、相手を信じて行った取引を取り消されるのは大迷惑で、一度、このような問題が起こると、本人だけでなく周りの親族に対する信用や評判を落としかねません。鈴木さん一族は、地元の名家であり、このデメリットは受け入れがたいから検討から外そうと山田税理士は考えました。

2　遺言

　遺言は人生最後の意思を表したものであることから尊重すべきものとして、遺言で自分が遺した財産の渡し先を指定した場合は、原則的に

は、その指定を尊重して財産が承継されることになります。

　遺言の一般的な作成の方法として、自筆証書遺言、秘密証書遺言、公正証書遺言があります。自筆証書遺言は、自分で全部作る遺言、秘密証書遺言は、中身は全部作るが、封筒に入れて、確かにこの封筒の中に遺言がありますということを公証人と証人に証明してもらう遺言、公正証書遺言は、公証人に全部作ってもらう遺言です。

　自筆証書遺言は、パソコンで作ることは認められず、自分で全部書かなければならず、財産がたくさんある場合は、普通の人にとってはミスのない遺言を作ることが大変でした。さらに、自分で遺言を作成したとしても、遺族がどこに遺言があるか見つけられないことから自分の意向に沿った財産を渡すことができない場合や、偽造される場合などトラブルもあり、自筆証書遺言はあまり普及されていませんでした。

　ところが、民法改正により、遺言全部をパソコンで作ることは認められませんが、財産目録（財産の内訳）についてはパソコンで作成することが認められました。この改正は平成31（2019）年1月13日から施行されています。さらに、遺言を安全に保管し、遺族が遺言のある場所を探せるようにするために自筆証書遺言の保管制度が設けられます。これは自筆証書遺言を一定の法務局に保管してもらえるものであり、遺言者の死亡後、遺族が遺言の存在を確認でき、遺族のうちの誰かが遺言を確認したら、他の遺族にも遺言があるかどうか通知される制度です。こちらの制度は令和2（2020）年7月10日から施行となります。

　遺言は何でも決められるかというと限度もあります。この限度として遺留分の侵害額請求があります。たとえば、家族がいるにもかかわらず、遺言で全財産を愛人に渡すと書いて、それが有効であった場合、故人の財産を生活の原資にしようと考えていた家族は困ってしまいます。そこで、一定の家族については、期間制限がありますが、受遺者に対して、自分たちの財産をもらえる権利を行使して、財産を取り戻すことが

できます。これを旧民法では遺留分の減殺請求といわれていました。しかし、遺留分の減殺では、取り戻せるものが現物の財産で、相手方と共有状態となるなど問題点もありました。そこで、今般の改正により、遺留分について金銭で相手方に請求することができるようになりました。この制度は遺留分の侵害額請求といわれ、令和元（2019）年7月1日施行となります。

　遺言というのは、その財産を直接引き継ぐ人を指定することができますが、引き継いだ者が人の場合、いつかは亡くなり、承継者が亡くなった場合の、次の承継者を誰にすることまではできないとされています。

　太郎さんのニーズは、まず、生活のための必要な原資と生活の場を確実にするために秋子に鈴木ハウスを承継させたいが、秋子の死後は、春子に承継させたいと考えています。しかし、この太郎の要望である、次の次の財産の取得者までを遺言で指定することは難しいのです。

3　配偶者居住権

　配偶者居住権は、民法改正により新たに導入される制度です。遺された配偶者の生活の場所と生活資金の確保のため、配偶者が居住することを認める権利のことを配偶者居住権といいます。配偶者居住権には、遺産分割が決まるまでの短期間の配偶者短期居住権と配偶者が死亡するまで設定される配偶者居住権があります。配偶者居住権は、配偶者の生存中は自宅に住み続ける権利があることから、権利を譲渡することはできません。ただし、配偶者が老人ホームに入るために居住場所を移動し、その後の利用料に充てるために自宅を賃貸するような行為は認められています。自宅の修繕費の支出は配偶者が行うことはできますが、大規模修繕のような大掛かりな改修は所有者の承諾が必要となります。この制度は令和2年4月1日施行となります。

　平成31年度の税制改正で、配偶者居住権の評価方法については決まり

ました。配偶者居住権設定時の不動産の価額と、配偶者の余命年数経過後の不動産の価額（現在価値で割り戻すような評価方法）の差額で配偶者居住権の評価額を求め、土地と建物を取得した者の評価額は、相続時の土地と建物の評価額から配偶者居住権の評価額を差し引いて算定します。小規模宅地の減額については、配偶者居住権部分についても認められますし、土地、建物を取得した親族が同居親族の要件を満たしている場合は小規模宅地の減額が認められています。

　なお、配偶者居住権は譲渡できませんが、自宅を売却する必要がある場合、配偶者居住権付きでは売却が難しいため、配偶者居住権を配偶者が無償で放棄したときは土地、建物の所有者については贈与税が課されることになります。

　鈴木太郎さんの件で、配偶者居住権の設定はどうなるのだろうかと山田税理士は考えました。たしかに配偶者居住権を設定すれば、二度の相続でなく、一度の相続で財産の承継が行われます。建物について区分登記がなされていないことから考えると、配偶者居住権は建物、土地全体について権利設定がされることになります。相続前の賃貸契約はおそらく建物所有者に引き継がれ、賃借人との契約や家賃の支払いは行われると考えられますが、賃貸借関係の法務と配偶者居住権の関係がまだよくわからない部分があります。新たな賃貸契約の主体はおそらく秋子となることへの不安があることや配偶者居住権についての賃料収入に係る不動産所得について必要経費は何が差し引けるのか等、検討段階ではまだみえてこないところもあるので、鈴木太郎さんのケースでは、時期尚早として配偶者居住権の設定は検討しないことにしました。

山田税理士のひらめき

　山田税理士は、鈴木太郎さんの相談に対する解決ス
キームとして、成年後見、遺言、配偶者居住権を検討
しましたが、いずれも鈴木太郎さんのニーズに応えることが難し
いという結論に達しました。そして、代替の方法は何かないかと
考えた矢先、事務所に民事信託のセミナーのチラシが送られてき
ました。いつもなら、セミナーのチラシは即、ごみ箱へ捨てられ
るのですが、太郎さんの件がぐるぐる頭の中をかけめぐっていた
ので、「家族の資産管理と承継の新しい形」というタイトルの言
葉がパチッと山田税理士の心に響きました。「ちょうど、セミナー
の開催日は予定がないから、聴きに行ってみようかな。」

　これが、山田税理士と信託との出会いでした。

3

信託の基本の「き」を学ぶ

1　信託法

(1)　信託って、どういう仕組みなの？

　信託というと、「投資信託」を思い浮かべる人が多いと思いますが、投資信託とは、信託の器を使って、投資家からお金を集め、それを株や債券で運用して、そのお金を投資家に分配するような仕組みであり、信託の仕組みを利用した特殊な形態です。

　信託というのは、ある人が自分の持っている財産を、別の人に委ねて、その財産を使って利益を稼いでもらい、その利益を、自分の思っている人に渡してもらうための魔法の仕組みです。

　これを信託でよく使う用語であてはめていくと、自分がもっている財産を別の人に委ねてどのように扱うのかを決める人を委託者、財産を委ねられて、その財産を使って利益を出し、ある人に渡す仕事をする人を受託者、利益を受け取る人を受益者といい、ある人に委ねられた財産のことを信託財産といいます。そして、信託期間中は受益者ではないけど、信託終了によって財産を受け取ることができる人を帰属権利者といいます。

　山田税理士は、信託を理解するために、まず自分のことを例にとって信託とはどういうものかを考えることにしました。シングルマザーの花子（山田税理士）は、1週間、顧問先の現地子会社視察のため海外出張をすることになり、その間の息子の健太の食事や生活の面倒を母親の月子にお願いして、お金を月子に渡すとともに、息子の食事の世話、授業参観への出席を頼むことにしました。月子は、花子の不在の間、花子の家に住んで、花子から預かったお金で健太の生活の面倒をみます。そのお金を使って余った部分は、月子が自由に使っていいことにしました。この例でいうと、花子が委託者であり、月子が受託者で、健太が受益者となります。そして、花子が月子に渡したお金が信託財産です。花子が戻ってきたときにお金が余っていたら月子が残額をもらえるということ

は、月子が帰属権利者です。

　このような仕組みを、月子は花子と話して（口頭の契約）決めました。この信託のことを「健太のお世話信託」ということにします。

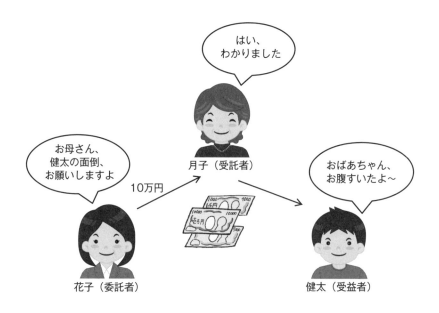

⑵　どんな特徴があるの？

　信託の解説本を紐解くと信託の特徴として、財産管理機能、転換機能、倒産隔離機能が挙げられています。健太のお世話信託からこれらの特徴を考えていきます。

①　財産管理機能

　　花子（委託者）が健太（受益者）の1週間分の生活費にあてるためのお金を月子（受託者）に信託すると、花子が海外出張で不在の間もそのお金を使って花子に依頼された健太の生活の面倒をみます。このように、委託者の代わりに委託者の希望に沿って預かった財産を管理することが財産管理機能であり、信託の大きな特徴となります。

② 転換機能

　健太に、花子が海外出張の間の健太の生活費を渡しても、健太がそれを使ってちゃんと生活できるかわかりません。育ち盛りの子供がおなかをすかしても自分で料理することができないと、毎日、コンビニ弁当などで好きなものだけ食べてしまい、栄養に偏りがでて健康に問題が生ずるかもしれません。また、たくさんのお金を渡してもそれは生活のために必要なお金であり、大好きなおもちゃを買うために健太が使ってしまったら困ってしまいます。

　健太のお世話信託の場合には、健太には直接お金が渡されず、月子に託され、健太の食事の材料を買うとともに、月子が栄養バランスを考えた食事を作って健太に出すことによって、お金が必要なことに使われ、適切な形で健太（受益者）に渡されます。つまり、信託の受益者が手に入れるのは、現物ではなく受益権という権利なのです。このような機能のことを転換機能といいます。

③ 倒産隔離機能

　良くも悪くも信託という仕組みを象徴する機能として、倒産隔離機能があります。たとえば、花子が多額の借金を抱えていて返済が滞っていたとします。債権者である金融機関が、花子の財産を差し押さえることになりますが、健太のお世話信託のために渡したお金である場合は、差し押さえを逃れるためにやったということでない限りは差し押さえから免れることができます。同様に、受託者である月子が個人的に多額の借金を抱え、金融機関が月子の財産の差し押さえを行う場合においても、健太のお世話信託のために預かったお金に関しては差し押さえをすることができません。一方、受益者である健太が多額の負債を有しており、債権者が財産を差し押さえようとした場合、健太が有する受益権も債権の一種であることから差し押さえをすることはできます。でも、債権というのは単なる権利で、それだけではお金に

なりません。換金するためには信託財産であるお金を引き出す必要がありますが、これは一筋縄ではいかない場合が多くあるようです。

　このような倒産隔離機能があることから、信託は多様な利用がされてきました。たとえば、投資信託のように多数の人からお金を集めて運用する場合、お金を預かっている会社が倒産して差し押さえられると投資家が困るため、信託設定しています。この結果、お金を預かっている会社が倒産したとしても投資家のお金は守られます。

⑶　信託はどうやって作るの？

　それでは、信託はどのようにして作るのでしょうか。法人のように登記をして成立というものではありません。信託をしたいという意思表示を3つの方法のいずれかですれば、信託を作ることができます。

　1つめの作り方としては、委託者（信託のプランニングを考えて、財産を受託者に委ねる人）と受託者（委託者から財産を受け取って、プランニングに従って、財産を運用し、利益を受益者に渡す人）の間の契約で信託を有効に動かすことができます。この方法が、信託の作り方としては保守本流のようなものです。

　次に、委託者が遺言で信託を作成するという方法があります。遺言で財産を渡すことを決めるのは一般的ですが、単に誰かに財産を渡すのではなく、信託という形で、受託者として指定した人に財産を渡しますが、その財産を遺言に従った方法で受託者として指名された人が運用して、そこから生ずる利益を受益者と指定された人に渡す信託です。この信託のことを、遺言信託といいます。

　遺言信託は、通常の遺言よりもたくさんのことを決めて、文書化しなければなりません。ですから、遺言信託を自筆証書遺言で作成することは非常に難しいです。もし、遺言信託を作成しようと考える場合は、公正証書遺言にすることをお勧めします。

　最後に、あまり見受けられない方法ですが、委託者が自分自身を受託者として信託する方法があります。これは、口頭ではだめで、書類で必ず書き留めないといけません。ただし、この信託を設定した場合は、当初は委託者＝受託者＝受益者のような場合もありますが、1年間当初の状況のままである場合は、信託をやる意味がないので強制的に終了してしまいます。

⑷　信託のプランニングをして、財産を受託者に委ねる人：委託者

　それでは、主要な登場人物を紹介します。まず、委託者です。信託は委託者の頭の中で始まり、そのプランを受託者に話して、「引き受けていいですよ」と受託者がいったら、「お願いしますね」といって委託者の持っている財産を受託者に渡して始まります。つまり、信託のプランニングをして、財産を受託者に委ねる人が委託者です。

　信託が動き出すまでは、委託者が主役です。信託が動き出したら主役は受託者に交替しますが、何もできないのではなく、信託の運営がうまくいってるかどうか、受託者に対して「どうなってるの？」と受託者に問いただすことはもちろんできます。

　「健太のお世話信託」であるならば、花子が委託者です。花子は、海外出張期間（1週間）、自分で健太の生活の世話をすることができないため、月子に頼んで、1週間分のお金を渡し、これで健太のごはんを作って、必要なお金の支払いがある場合は、そこから払ってもらい、授業参観の日に花子の代わりに月子が学校へ行くことを依頼します。これが、信託契約の中身です。そして、月子が承諾して、信託の契約は締結され、花子が月子にお金を渡します。この時に、信託はスタートします。花子は海外出張しているので、信託期間中は健太の世話を直接することはできません。しかし、月子に電話やメールで、健太の状況がどうなっているか確認できますし、ちゃんと月子がご飯を作っているかどう

か健太に確認することもできます。このようにして、委託者花子は健太のお世話信託の運営を監督することができます。

(5) 信託のプランニングに沿って仕事する人：受託者

　信託がスタートしたら、主役は委託者から受託者に変わります。受託者は委託者から預かった財産を自分の名義に切り替え、契約に沿ってその財産を管理、運営し、利益を受益者に渡すという仕事をします。

　受託者名義の財産になったとしても、受託者は信託財産として形式的に預かっているもので、受託者の個人的な財産ではありません。ですから受託者は、信託財産を好き勝手に使うことは絶対に認められていませんし、自分の財産とごちゃ混ぜに保管することも認められていません。税理士が税理士賠償責任（税賠）でもめた場合にもしばしば登場する善管注意義務はもちろん受託者の義務の中にも入っていますし、受益者と利益相反になるような行為（たとえば、信託財産である不動産を受託者が固有の財産として購入するような取引は、売却価額を低めに設定して信託の受益者に損害をあたえる可能性があるから）も認められていません。

　また、税理士にとって大いに関係のあることかもしれませんが、受託者は信託の会計に沿って、帳簿を作成、保存し、財産の状況を受益者に報告しなければならないことになっています。これは信託契約によって変更をすることは認められていません。

　かなり重たい義務を受託者は背負っているから、報酬もがっぽりもらえると思われるかもしれません。報酬を受け取ることは認められていますが、これは、信託契約に事前に盛り込む必要があります。盛り込まれていない場合は、無報酬となります。もちろん、途中で信託を変更して報酬をもらうことは可能ですが、その場合は委託者、受託者、受益者の合意が必要であり、自由に報酬を値上げすることはできないことになっ

ています。

「健太のお世話信託」の場合、月子が受託者となり、「重たい義務」と
しては、預かったお金を自分のために使わない、自分の個人のお財布と
信託のお財布を一緒にしない。授業参観をさぼって遊びに行ってはいけ
ない。スーパーのレシート（食品代等）は残しておくなどがあります。
そして、花子が「健太の様子は？」と質問をしてきたら状況をごまかさ
ずに報告し、花子が帰国して「お母さん、いくら使ったの？」と聞かれ
たら、これだけ使いましたと説明し、「あ、そう。どうもありがとう。
じゃ、残りはお母さんがもらっといてね」と花子が言うと、信託が終了
し、健太のお世話信託の場合は月子が帰属権利者（信託期間中は受益者
ではないが、信託終了により信託の残余財産をもらう権利がある人）な
ので、残ったお金は月子のものとなります。

⑹　基本は利益を受けるだけの人：受益者

それでは、最後に受益者です。受益者というのは、単純にいうと信託
から利益を受ける人です。利益を受けるだけだったら誰にでもできま
す。でも、受益者というのは、単に利益を受けるだけの人ではなく、約
束通りに利益を受け取れなかったら、受託者に対して「いったいどう
なってるの？」と問い合わせをしたりする権利も、もちろんあります。

「健太のお世話信託」の場合、受益者は健太です。健太に対して、受
託者の月子から直接お金が支払われることはありませんが、花子が月子
に信託したお金で月子が食事の材料を買い、健太が学校や生活するため
に必要なお金を払うことになるので、信託からの利益を受けることにな
ります。たとえば、健太が学校から帰ってきて、晩ご飯の時間になって
も晩ご飯が用意されていなかったら「おばあちゃん、晩ご飯どうなって
るの？」といって晩ご飯を催促することができます。

(7) 「健太のお世話信託」の契約書を作ってみる

　このように普段の何気ない生活の一コマを切り取って、信託を作っていくことは可能です。誰も信託と気づかないまま、信託のようなことを日々の生活の中にとりいれられているからだと思います。

　そこで、山田税理士は、信託の理解を深めるために、自分で考えた「健太のお世話信託」を、契約書で作ってみることにしました。

信託契約書

　山田花子（以下「委託者」という。）と山田月子（以下「受託者」という。）は、第2条に規定する財産を対象とし、受益者を山田健太とする信託契約を締結する。

第1条（信託目的）

　本信託は、委託者が海外出張している期間の受益者山田健太の生活と教育のサポートをすることを目的とする。

第2条（信託財産）

　委託者は、受託者に対し　現金10万円を信託し、受託者はこれを引き受けた。

第3条（受託者）

　受託者は、山田月子とする。

第4条（受益者）

　受益者は、山田健太とする。

第5条（信託期間）

　信託期間は　委託者の海外出張期間（○年6月1日～6月7日）までとする。

第6条（信託事務）

　受託者は、以下の信託事務を行う。

　(1)　信託財産である現金を、受託者個人の現金と別に管理する。

　(2)　信託現金を、受益者の食事代、学校で必要な文具代、その他受益者の生活のために必要な費用のために支出する。

---

(3) 何に支出したかがわかるような資料を作り、レシートや領収書を
    保管する。
(4) 受託者は、受益者のために食事の提供、洗濯、掃除その他生活に
    必要な行為と適切な教育を行う。
(5) 6月3日の予定される小学校の授業参観に受託者は参加する。
(6) 信託期間の受益者の状況については委託者と連絡をとりあう。
(7) 信託財産を超える費用が生じた場合は、受託者は超過部分につい
    て立て替え払いをし、委託者に超過部分を請求できる。

第7条（残余財産の帰属権利者）

　信託終了時に信託現金が残っている場合は、その現金は、帰属権利者
山田月子が取得する。

第8条（信託報酬）

　信託報酬は無償とする。

令和○年○月○日

委託者
住所　東京都○○区○○○4－5－6
山田花子

受託者
住所　東京都□□区□□□1－2－3
山田月子

2　信託税制

　山田税理士は、自分に関わる出来事を信託にあてはめることにより、
信託というものがどういうものなのか少しわかってきました。それで
は、税理士の仕事場である信託税制はどうなるのでしょうか。山田税理
士はこれについても調べ始めました。

(1) 信託税制は多様だ

　信託税制というと、組合課税のように受託者で発生した損益は、受託者段階で課税されず、受益者段階で課税されるものだというように考えている人が多いですが、実は、この課税方法がすべてではなく、多様な信託税制のうちの1つにすぎません。

　最近では、「家族信託」といわれるように、家族の資産管理や承継のための信託について、徐々に知られつつありますが、この場合の税制は、受託者段階で課税されず、発生時に受益者段階で1回だけ課税されるものとして設計されています。

　しかし、信託の利用方法として家族の資産管理と承継の信託はまだまだ少数派であり、主要な用途は、金融商品や年金資産の運用のための器としての信託の利用です。

　投資信託のように受益証券が投資家の間を頻繁にやりとりするような信託において、家族信託と同様に発生時に収益を取り込むというのは非常に難しいです。そこで金融商品については、信託を1つの法人のような器として課税関係を整理しましょうとなっています。信託というのは財産であるから、納税義務者になることはできません。よって、信託財産から生ずる所得については、受託者を納税義務者として法人税課税しましょうという仕組みをまず作っています。しかし、投資家が金融商品を選ぶポイントは、収益性の高さです。信託財産から生ずる所得について受託者が法人税を納付していたら、その所得から支払われる分配金の額がぐっと減ります。そうなると、日本の金融商品を買う投資家がいなくなります。そこで、多数の投資家が参加して売買するような信託については、信託段階で受託者に法人税を課さず、投資家に分配した時点で、投資家に対して課税する仕組みとしています。このような信託のことを、税制では集団投資信託といいます。

　それでは、年金資産の運用益についてはどうなるのでしょうか。厚生

年金の場合、会社と従業員から集めたお金を金融機関に支払い、金融機関で信託に入れて運用し、運用によって増えた信託財産から退職後の従業員に年金として支払われます。この場合の信託財産の運用益に課税すると、将来の従業員に支払われる年金の財源が減少します。一定の信託財産の残額に課税する仕組みが設けられていますが、現在課税は凍結されています。

　他にも公益信託といって、受益者は存在しないが、公益目的のためにお金を作ってくださいよという信託がありますが、このうち特定公益信託に該当するものは、信託財産の運用益について法人税課税されません。さらに、特定公益信託のうちの認定特定公益信託の場合は、個人が寄附したときは寄附金控除を行うことができます。

　信託を使った金融商品の説明のときに、信託財産の運用益について受託者を納税義務者として法人税課税することを原則とするといいましたが、このような信託のことを法人課税信託といいます。法人課税信託は金融商品の器の原則的な形であるだけでなく、受益者がいないような信託については、納税義務者がいなくなることから法人課税信託とされますし、法人を使った租税回避を防止するために委託者が法人の場合の3つの類型の信託については、法人課税信託として課税されることになっています。

　このように信託税制は多様に設計されていますが、山田税理士は、必要である受益者に課税する信託税制について、基本的な部分を学び始めました。

⑵　信託を設定したら

　信託を設定した場合、どのような課税関係になるのか考えます。委託者、受益者いずれも個人で1人の場合を前提とします。

　信託を設定したら、財産は、委託者から受託者に移動します。通常、

財産が別の人に移動するということは所有権が移動することになり、所有権が移動するということは、資産を自由に利用する権利も移動することになるから、その時点で元の所有者のその資産に対する課税関係を清算するために譲渡所得が課税されるという仕組みになっています。しかし、信託の設定により受託者の資産の所有権が移ったとしても、受託者はその資産を自分の裁量で自由に利用することはできません。あくまでも、信託の契約に従って運用のお手伝いをするだけです。ですから、委託者から受託者への譲渡に対して譲渡所得は発生しませんし、受託者側でも無償で委託者から財産を受けたものとみなして受贈益に課税されるということはありません。

　税制においては、実質的にその資産から生ずる利益を受けた人に課税するという実質所得者課税の原則という考え方があり、信託の場合、信託の設定により実質的に誰が信託財産から利益を受けるのかとみていきます。どこでみるかというと、信託契約書の委託者と受益者がどのような関係になっているかでみていきます。

　たとえば、委託者＝受益者のような信託があります。このような信託の場合は、信託の前後で信託財産から利益を受ける人は信託の設定の前後で変わりません。単に名義が変わっただけであり、このような場合は信託設定時に課税関係は生じません。

　一方で、委託者≠受益者の信託があります。信託の前後で、信託財産から利益を受ける人は信託の設定の前後で異なります。このような場合は、利益の移転があったととらえて、受益者に課税をします。委託者も受益者も個人の場合は、信託の効力が委託者の死亡を原因とするか否かで税目が異なります。委託者の死亡が原因により受益者となった場合は、相続税課税され、それ以外の場合は贈与税課税されます。相続税も贈与税も、財産を課税標準として課税するものですが、財産の評価方法は受益権という権利評価ではなく、信託財産が何かをみて、財産評価基

本通達に基づいて評価することになります。また、不動産の場合は、小規模宅地の減額の適用も可能となっています。

「健太のお世話信託」の場合は？

　　それでは、山田税理士が考えた健太のお世話信託の場合はどうなるのでしょうか。

　契約書を読むと、委託者は山田花子であり、受益者は山田健太ですから委託者≠受益者の信託です。これは委託者の死亡が原因の契約でないことから、受益者健太に贈与税が課税されるのでしょうか。

　実は、ここで、贈与税の非課税のルールの検討となります。ここでは、110万円までの贈与税の基礎控除は無視します。贈与税では、扶養義務者間の生活費や教育費の贈与については非課税というルールがあります。お父さんやお母さんの稼ぎから子供の生活費や教育費を支出するのは、ごくごく日常的な事象であり、そもそも親には子供を扶養する義務があります。このような必要な支出に贈与税課税をすることは不合理なので、贈与税は非課税とされています。ただし、受贈者側で受け取ったお金を使わずに貯めておいた場合は、たとえ将来の生活費や教育費のためであったとしても贈与税課税される可能性が高まります。

　したがって、受益者健太のための10万円は健太の生活費に必要に応じて支払われたものですから贈与税は非課税になります。

(3) 信託期間中の利益は？

　信託期間中の利益については、受託者で発生します。しかし、この利益の帰属は受託者ではなく、受益者となります。受益者が個人の場合、発生した所得に係る税金は所得税となります。

受益者が個人の場合で、注意すべき点としては、信託財産から生ずる所得が不動産所得となる場合において、その信託に係る損失が生じた場合は切り捨てられてしまい、他の所得と通算したりすることはできません。

　受託者が信託報酬を受け取った場合、その報酬が受益者の所得の金額の計算上、必要経費になるかという問題があります。たとえば、受益者と受託者の関係をみていって両者が生計を一にする親族であるような場合、所得税法第56条の事業から対価を受ける親族がある場合の必要経費の特例により生計を一にする親族に対する経費の支払いは必要経費とされないことから、不動産所得が生ずべき賃貸業が事業的規模に満たない場合であったとしても信託報酬の必要経費も難しいのではないかと考えます。

　また、受託者と受益者の関係が生計別であったとしても、たとえば信託財産が株式で報酬が配当所得だけという場合は、必要経費にはできませんし、信託財産が不動産で不動産所得が生じた場合も、信託報酬の中身をみて、不動産賃貸に全く関係のないものであるならば必要経費として収入から差し引くのは難しいと考えます。

「健太のお世話信託」の場合は？

　１週間分の現金を渡されたので、たとえ、預金に預けたとしても利息も生じないと思いますので、信託期間中に所得は生じません。

⑷　受益者が変更したら

　「健太のお世話信託」は、１週間という短い期間で受益者は健太１人

ですが、信託期間が長期間の場合は、信託期間中に受益者が変更する可能性があります。受益者が変更する方法としては、信託契約で何らかの事情が生じた場合は受益者が変更されると決めているような場合と、信託受益権自体を受益者が譲渡する場合の2つが考えられます。家族の資産管理や承継に利用される民事信託の場合、信託受益権を第三者に売却する可能性は極めて低いので、信託で受益者変更がなされた場合の課税関係を考えます。家族間で受益者が変更した場合、新受益者が旧受益者に対価を支払わないことがないことが多いですから、受益者変更の原因によって新受益者は旧受益者から贈与または遺贈により受益権を取得したものとみなされ、贈与税や相続税が課されることになります。

(5) 信託が終了したら

　それでは、信託が終了したらどうなるかを考えます。信託終了により財産をもらう人と、信託終了前の受益者をみて、同一人物である場合には、税制上は、財産の異動がないと考えるから、課税関係は生じませんが、別人の場合は課税関係が生じます。信託終了の原因に応じ、信託終了後に財産をもらう人について贈与税や相続税が課されることになります。

「健太のお世話信託」の場合は？

　健太のお世話信託の場合、花子が出張から戻った時点で信託は終了し、月子が花子から預かっていたお金の残額を月子は自分のものとして自由に使えるようになります。

　お金の動きから考えると、月子の手元に現金があり続けるのですが、税制で考えると、これは受益者健太から祖母の月子への現金の贈与となります。10万円の残額ですから、基礎控除の範囲

内で非課税ですが、仮にもっと大きな金額であったとしても、月子が自分の固有のお金と一緒にこのお金を生活費の一部にあてるならば、こちらも扶養義務者間の贈与の範疇として贈与税は非課税になると考えます。

3 鈴木太郎さんの願いを叶えるための方法

信託法と信託税制について、自分の人生にあてはめて少しずつ理解できるようになってきた山田税理士は、鈴木太郎さんの希望を信託で実現できないかと考えました。

鈴木太郎さんのニーズは大きく3つです。妻、鈴木秋子の生活の面倒を見て欲しい。そのための財源として鈴木ハウスの家賃収入を使って欲しい。鈴木ハウスの土地、建物は、高橋春子が取得し、代々家族で引き継いでほしい。

これは、秋子の生活支援のためで、太郎さんのためじゃないから、遺言で信託を設定するのがいいのかなぁと山田税理士は考えました。

(1) 山田税理士、遺言信託案を作ってみると

そこで、山田税理士は手元にある信託の書籍とネットの情報を参考に、頭の中で整理した「鈴木ハウスの遺言信託」を文書化してみました。

遺言者鈴木太郎は、遺言者の第2条に定める財産を信託した。
第1条（信託の目的）
　鈴木秋子の生活支援のための財産管理
第2条（信託財産）
　別紙信託財産目録記載の土地及び建物並びに金銭
第3条（受託者）

　高橋春子
第4条（信託期間）
　遺言の効力発生時から鈴木秋子の死亡時まで
第5条（受益者）
　鈴木秋子
第6条（信託事務）
　1．①　信託財産目録記載の不動産を管理するとともに第三者に賃貸
　　　　し、賃借人から受領し管理し、不動産の管理のために必要な費
　　　　用に充てるために支出すること
　　　②　信託財産に属する金銭を管理し、受益者の生活費、医療費、
　　　　介護費のための費用に充てるために支出すること
　　　③　受託者は上記のほか受益者の生活のために必要と考えられる
　　　　場合は、適切な援助を行うこと
　2．受託者は、信託財産に属する金銭、預金その他の財産を受託者の
　　　固有の財産と分別して管理すること
第7条（帰属権利者）
　高橋春子
第8条（信託報酬）
　？

山田税理士のひとりごと
　このように信託を設定すると、信託期間中、鈴木ハウスの所有者は高橋春子になるから、秋子が自由に鈴木ハウスを売却することはできないし、高橋春子が、賃貸業を管理して、秋子の生活費を適切に管理し、鈴木秋子が死んだ時点で信託が終了し、高橋春子が鈴木ハウスを取得する。
　ただの遺言だったら、鈴木ハウスを誰かに渡すということができるが、そこから生ずるお金の管理や渡し方まで細かく決めるこ

とは難しいし、秋子が死んだら春子に渡すというところまで太郎の遺言で決めて、確実に渡すことは難しい。でも、信託だったら、財産の管理や利用制限などを決めて、鈴木ハウスが失われるリスクを防ぎながら秋子の生活を守り、秋子の死後、財産をスムーズに春子に渡せるから一気通貫に望みが叶えられていいのではないか。

じゃあ、税金はどうなるんだろうか。遺言で信託して受益者が秋子だったら、秋子に相続税がかかる。信託期間中は受益者が秋子だから、秋子に所得税がかかって、秋子が死亡すると信託が終了して春子に相続税がかかるということか。財産評価は、土地建物を取得した場合と同様にすればよく、条件が満たされている場合は小規模宅地の減額の適用を受けることができる。

そうだ。これがいい。まだよくわからないところがあってもやもやするけど、もう少し勉強して、鈴木さんに提案してみよう。

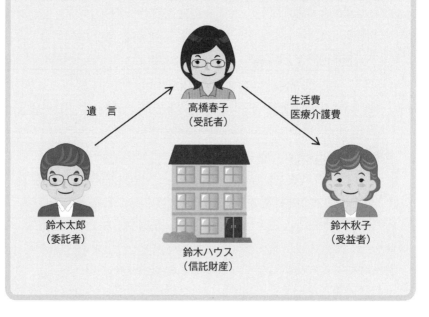

4

信託のスキームを説明する

1　信託スキームのプレゼンテーション

　ある昼下がり、鈴木太郎さん宅へ、信託スキームのプレゼンテーションのために山田税理士がやってきました。リビングには、太郎と秋子と春子がいます。

😐 **太郎**　先生、今日はどうもおいでいただいてありがとうございます。

🙂 **山田**　こんにちは。今日は鈴木さんのご相談について、解決方法の提案に伺いました。

😐 **太郎**　よろしくお願いします。

🙂 **山田**　ところで冬子さんは？

😐 **太郎**　冬子は、いまは、九州にいるのかな。この前、家族の今後のことについて話したいから来ないかと電話したら、「私、忙しいから家族会議にはいけないわよ。これからも転勤がありそうだからお父さんやお母さんの面倒はみれないわ。お姉さん（春子）に頼んどいてよ。でも子供の塾代とか教育費が大変で生活が苦しいから助けてね。」と言われた。あいかわらず、自分のことしか考えない子だから。

🙂 **山田**　そうですか。これはご家族の今後にとって大事なお話ですので、鈴木さんの方からいずれ、冬子さんにもお話ししてくださいね。

😐 **太郎**　わかりました。では、先生お願いします。

🙂 **山田**　はい。まず鈴木さんのご要望を整理されますと、太郎さんの相続があった場合の心配事は秋子さんのことです。生活や介護や医療のためにはお金が必要です。太郎さんはサラリーマンをした経験がないので、年金は国民年金だけです。それでは生活をするのが非常に厳しいです。生活費の財源として考えられるのが、鈴木ハウスの賃料収入です。
　今は、太郎さんが賃貸管理はすべて太郎さんがやっていらっ

しゃいます。でも、もし、太郎さんの相続が発生し、秋子さんが鈴木ハウスを相続したら秋子さんが管理しないといけないことになります。

🙂 **秋子**　私、管理って苦手、お金受け取ったり、支払ったりして、頭使って疲れちゃう。お嬢さん育ちだから。

　　　──太郎、春子、山田税理士　無視──

🙂 **春子**　じゃ、私に相続させて。私、お金のやりとりもお客さんに気を遣うのも苦にならないから。お母さんの必要な分は払うから。

🙂 **秋子**　そんなこといって、お父さんが死んだら、私を追い出すんじゃないの？

🙂 **春子**　そんなことないって。お父さんも私も、お母さんのこと心配しているのよ。
お母さんはお金のことをわかってない。お金は湧いてこないのよ。使ったらなくなるの。戻ってこないの。

🙂 **秋子**　私を馬鹿にして。ちょっと失敗したからって、いつまでも私を馬鹿にする。

🙂 **太郎**　秋子は、人はいいのですが、きちんとお金を管理するということができないので、彼女の人生を守る対策としては、やはり先生、成年後見なのでしょうか。

🙂 **山田**　成年後見は当人の意思の能力のレベルで後見、保佐、補助の３つに分かれます。秋子さんは意思能力があるので後見は無理ですね。保佐の場合は、不動産取引のように決められた取引を本人が行う場合は保佐人の同意が必要で、勝手に行った場合、保佐人は取り消すことができます。補助の場合は、補助人の同意が必要な取引を予め決めておき、本人が勝手に行った場合、補助人は取り消すことができます。保佐、補助が付く場合も医者の診断書が必要で、秋子さんの場合はどうでしょうか。また、保佐や補助の場合、財産管理は本人に任せるので、きちんと生活の管理ができるか不安な面もありま

す。保佐や、補助の場合、決められた取引を保佐人や補助人に無断で行っても、後になって保佐人や補助人が取り消すことができます。これは、ご本人を守るための有益なルールですが、取引をした人にとっては大迷惑な話です。あたりまえの取引だと信じていたのに取り消されてしまったとなると、怖くて次から誰も相手にしてもらえません。ご本人だけでなく、周りの家族も一体何をしていたんだといわれて信用がなくなるのではないかと…。

太郎 それは困るんだよ。鈴木家は昔から地元の名門だから、鈴木さんだったらとみんな一目置いてくれて、町内会長とか何期もやらせてもらったけど、秋子の勝手な行動を後で取り消すなんてやったらみなさんに迷惑をかけて、ご先祖様に申し訳ない。

春子 以前、お母さん病気かなと思って、さりげなくお医者さんに連れて行ったこともあるのですが、そういう時になると、お母さんは急にしゃきっとなって、まともなことを言うんです。だからお医者さんは全く問題ないですよっておっしゃってね。

秋子 みんなで、私のこと馬鹿にして。私は馬鹿じゃない！

──太郎、春子、山田税理士　溜息──

山田 **そして、秋子さんの相続が将来発生したら鈴木ハウスは春子さんに引き継いでもらいたいということですね。**

太郎 そうなんだよ。ここら辺の土地は、江戸時代から鈴木家のものだったらしいんだよ。それが時代とともにどんどん失われ、最後に残ったのがこの50坪にも満たない土地だけで、これまで手放したら、鈴木家は終わってしまう。住んでいた場所が他人に渡るのは国を失ったのと同じようなもの。冬子に引き継がれると、あっというまにたたき売られそうだ。それは困るんだよ。

春子 で、先生、どうすればいいのですか。

山田　秋子さんの生活のサポートと、最終的な春子さんへの鈴木ハウスの承継をひとまとめに実現する方法があります。それは、信託を使った方法です。

秋子　信託って、投資信託買うの？

山田　いいえ、投資信託というのは信託の１つなのです。信託というのは、財産管理のしくみなんです。
　　　（山田税理士、「健太のお世話信託」のことを話す／20頁参照）

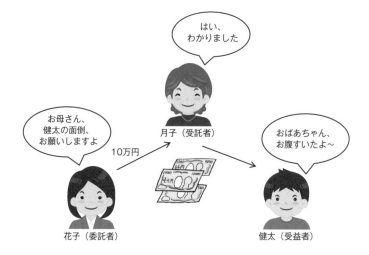

このようなことが確実に実現できるように制度化したものが信託です。信託じゃなかったら母親がさぼって子供の世話をしなかったりしても罰せられませんが、信託の場合約束をきちんと守らないと責任を問われます。また、もし、母親が倒産して、債権者が母親の財産を差し押さえに来たとしても、お金が信託財産だったら差し押さえられません。
子供の１週間の世話を信託という仕組みをわざわざ作るのは大変ですけど、鈴木さんの鈴木ハウスの場合だとそれなりの財産ですから、適当に口約束で財産管理を他人に委ねるのは怖いです。そこで、契約や遺言できちんと信託を設定すると、財産が守られ、委託者の要望で財産が管理され、利益が

受益者に渡される仕組みができます。

どうするかというとたとえば、遺言で太郎さんが鈴木ハウスを春子さんに信託する。春子さんは鈴木ハウスを受託して、賃貸業の管理をし、家賃を受取、必要経費を支払い、また、秋子さんの生活に必要なお金をそこから払います。秋子さんはそのお金を受け取って生活費にあてたり、春子さんが直接、相手先に支払ったりすることができます。そして、秋子さんの相続が発生したら、信託は終了し、財産は自動的に春子さん固有の財産になります。

👤 **太郎** ふーん。なんだかよくわかったようなわからないようなものだけど、ようするに信託という仕組みを使うと、私が死んだら、春子が鈴木ハウスとお金の管理をして、秋子の生活の面倒を春子がみる。そして、秋子が死んだら、鈴木ハウスは春子のものになっていく。信託を使ったら、このことが確実に実現できるということですか。

👤 **山田** はい。法律がそれを認めています。

👤 **秋子** 信託したら不動産の所有権はどうなるの？

👤 **山田** **受託者となる高橋春子さん名義です。**

👤 **秋子** それじゃ、春子が相続したのと同じじゃない。いつ春子の機嫌が悪くなって追い出されるか、売却されるかわからない。それじゃ困る。絶対に困る。

👤 **山田** 信託で、受託者が信託を売却する権利を持っているように決めない限りは売却することはできないですよ。それに、信託で、秋子さんのためにお金の管理をして、必要なお金を払うと決めたら、払わないといけない。あとは、「ちゃんと仕事していますよ、はい、この通り」と報告書を作って秋子さんに見せることも必要ですね。これは会計の知識とか必要ですから、私がお手伝いできます。

👤 **秋子** もし、春子がお金を払わなかったら？

👤 **山田** **お金を払ってくれと春子さんに要求できますよね。**

秋子　もし、春子がねこばばしてお金がないよっていわれたら？

山田　それは大問題です。春子さんはやっちゃいけないことをしてますから秋子さんは春子さんにお金を払ってくれ、信託のお金で足りないなら、自分の財布から弁償してくれといえますね。

春子　私は何をやるの？

山田　不動産賃貸管理の部分と秋子さんの生活費等の支払いと生活のサポートですね。不動産の賃貸管理は、賃借人から家賃を毎月受け取って、滞納している場合は催促する。不動産の管理のための支払いがあればそれをやる。あとは、秋子さんへの生活費を支払う。毎月定額で支払うというのもいいし、必要なときに必要なだけ渡すというのもいいです。これらは決めたルールに沿って行うことになります。もっとも春子さんに守ってほしいのは、秋子さんの生活の支援のための信託ですから、そのためにどうすればいいのかと考えて行動することです。春子さん個人のために信託のお金を使ったらだめですし、個人のお金と信託のお金を混ぜてしまうとどっちがどっちかわからなくなるから別に管理する必要がありますね。

秋子　春子、ねこばばしたらだめだからね。

春子　何言ってんの、お母さん。私が信じられないの。ところで山田先生、大変重い仕事みたいですが、もし信託をするとしたら誰か助けてもらえるのですか。

山田　もちろん、顧問としてアドバイスすることもできますし、信託では受託者をサポートする役割の人として信託監督人を設置することや、受益者代理人といって、受益者の代わりに受益者の権限をもって、信託に意見を言うことのできる人をおくことができます。

春子　ところで、受託者って報酬もらえるのですか？

山田　もちろん報酬をもらうことはできます。ただし、そのために

は事前に信託契約や遺言にそのことを書いておく必要があります。

春子　じゃ、しっかりもらわないと。

秋子　春子、何言ってるの。家賃収入って、そんなに多くないのよ。大したこともしないのにがっぽりとっていったら、私が生活できなくなるじゃないの。

春子　お母さん、あなたのために娘の私がただ働きをしろというの。

秋子　そうだ。いま、部屋が1つ空いているでしょ。あれって家賃15万円くらいとれるはずなのよね。あそこの家賃を安くしててあげるから、信託報酬はあきらめてよね。

春子　けち。ただで住んでもいいかわりに手伝ってくれって親だったら言うんじゃないの？

秋子　じゃ、ただで住んでいいから、ただで手伝ってよ。

太郎　ははは、また秋子にやられちゃったね。秋子はぼけてるのか冴えてるのかよくわからないな。でも、空き部屋に入ってくれるなら私も安心するよ。ところで山田先生。この信託っていうのはどういう方法で作るのですか。

山田　太郎さんの相続発生後の、秋子さんの生活の支援ということですから、遺言で作ることが前提かなと。

太郎　ただ、遺言でやるとなると、春子のことだからちゃんとやってくれると思うけど、本当にうまくいくのか私がみれないのが心配で。

山田　そうですね。たしか、遺言代用信託というのがあって、生前から信託を設定して行うものがあるようですが、ちょっと調べてみます。

春子　先生、税金はどうなるの？

山田　もし、遺言信託である場合は、信託設定時に受益者が秋子さんでしたら、秋子さんに相続税がかかります。相続財産の評

価は、信託財産が何かでみていきます。鈴木ハウスだったら土地と建物、貸している部分については、土地も建物も減額できますし、小規模宅地の減額といって一定の居住用宅地については土地の評価額が80%減、一定の貸付事業用宅地については土地の評価額が50%減というものがありますが、信託を利用した場合も使うことができます。

信託期間中は受託者のところで賃貸収入は発生しますが、申告納税するのは受託者の春子さんじゃなくて、受益者の秋子さんになります。

🙂 **春子** 最後に報われるというやつですね。

🙂 **山田** そして、秋子さんの相続で信託は終了し、その時点で春子さんが秋子さんから信託財産だったものを取得したとして、相続税の申告をすることになりますね。

🙂 **春子** 自分の名義に鈴木ハウスがなったとしても、自由に使えるのは、はるか遠い先…

🙂 **太郎** 春子、自由に使ってもいいけど、売却だけはだめだぞ。

🙂 **春子** はいはい。

🙂 **山田** ところで、このスキームだと鈴木ハウスは最終的には春子さんが取得することになって、鈴木さんの希望は叶うことになるのですが、今日、ここにいない冬子さんは納得しないことになるのではないでしょうか。ですからもし、信託をするのだったら事前に冬子さんにもスキームの話をされた方がいいのでは？

🙂 **太郎** 冬子はなあ。自分や自分の家族のことで頭がいっぱいで、私たちのことや家のことなんかいままで一度だって考えたことないような子でね。とてもじゃないが彼女には鈴木ハウスは渡せない。秋子はすぐお金を使っちゃうから、秋子の相続の時は鈴木ハウスくらいしか財産は残らないだろう。だったら私の時に春子より少し多めにお金を渡すように遺言を残しとくから、それで納得してもらえたら。

🙂 **山田** やはり冬子さんにもさりげなくお話を…。

　　　──息のつまるような沈黙──

🙂 **山田** 鈴木さん、この信託のスキームはどうしましょうか。

🙂 **太郎** なかなか面白そうだな。ちょっと先生、これ進めてもらえませんか。

🙂 **山田** わかりました。まだまだ信託については、実務上どのようになるのかわからないところも多くあります。私も必死で勉強していますが、わからないところもいっぱいあります。鈴木さんのためにスキームを検討し、希望が叶うよう努力しますし、逐一、状況は報告します。しかし、大きな問題が生じて実現が難しい場合は、信託スキームはやめて、別の方法を検討していきますので、よろしくお願いします。

2　顧問先への説明のポイント

(1)　信託の説明は難しい

　民事信託を顧問先に説明し、理解し、納得を得るためのハードルは、実は非常に高いです。たとえば、税理士が顧問先の個人事業主に法人成りをしましょうと提案した場合、顧問先の頭の中で会社のイメージがあるので、理解し、納得を得て、法人成りに進むためのハードルはそんなに高くないのです。ハードルが高くなる原因は、信託の仕組みの難しさにあります。たとえば、法人ならば法人が稼いだらその法人が利益を受けますが、信託の場合は、受託者がどれだけ稼いだとしても、利益を受ける人が受益者、つまり別人です。

　また、委託者が財産を信託して、委託者自身が受益者となるような場合、信託後も信託した財産から利益を受けるにもかかわらず、自分の所有権が他人に移転すると、売却した時と同じように取得した人が自由に利用、処分できるのではないかと思って抵抗する人も多くいらっしゃいます。つまり、今まで頭の中になかったイメージを新たに入れていかな

ければならないところがあります。

　信託という仕組みを説明するのは、登場人物になる人全員を集めた話し合いで、それぞれの役割を説明して、契約や、遺言で信託を設定したら委託者が受託者に移す。受託者で利益が生じたら、決められた利益を受託者が受益者に渡すというイメージを共有してもらい、その場で疑問が生じたら、その疑問に答えていくという形で話を進めることをお勧めします。何の目的のために信託を設定しているのかが理解されると、信託の効力発生後もスムーズな運営がしやすくなります。また、信託スキームを断念するに至った場合も、なぜ断念するかということについて納得が得やすく、別の方法で要望を実現するための検討に移りやすいのではないでしょうか。

(2)　民事信託と商事信託の違いは？

　信託の分類の方法はいろいろありますが、民事信託と商事信託に分類する方法があります。商事信託とは、受託者業務をビジネスとして行うような信託のことであり、信託業法が適用され金融庁の監督下に置かれます。信託銀行や信託会社が、商事信託を扱う受託者となります。一方、民事信託は、商事信託以外の受託者となります。家族の資産管理を、家族の一員が受託者となって行う場合は民事信託です。

　家族の資産管理について、民事信託で設定する場合と商事信託で設定する場合が考えられますが、家族の意向に沿ったオーダーメード的な信託を望む場合は民事信託の方が意向に沿うと思います。ただし、民事信託の受託者は受託者のプロではないことから、資産の管理等について不安な部分もあります。その点、プロの受託者ならば管理のノウハウもあり、受託者が財産を流用するリスクも皆無と考えられますから、コストと引き換えに安心安全を手に入れることはできます。

　民事信託は、信託業法の適用を受けることがないことから、民事信託

と商事信託の境界がどこなのかが気になるポイントですが、実は明確な基準が法定化されていません。信託報酬を受けたらすべて、信託業法の範疇になるのかとか、1件信託を受注したら民事信託となるが複数受けたら信託業法になるのかという考えもあります。

　信託業法第2条第1項において、信託業とは信託の引受けを行う営業とされており、この要件に該当すると信託業法の規制の対象として金融庁が監督することになります。

　ここでキーとなるのが信託業法の営業とは何かということです。ここでの営業とは、信託業をしていますという看板をかけて、たくさんのお客さんを集めて受託者業務を継続して行っていくことだと考えます。その看板を信用して金融や信託の知識のない一般人が取引に関わって不当な取扱いがされないように保護するための規制です。保護対象となるのは原則的には不特定多数の委託者や受益者と考えます。

　その点から考えると、一般的な民事信託の場合、受託者が信託業をしていますという看板を掛けることもなく、信託で関わる委託者、受益者、受託者が家族の範囲に限定されるならば、信託業法でいう保護利益の対象とならないから信託業法の適用は受けないと考えます。

(3)　成年後見と信託

　信託を高齢者の資産管理のために設定した場合、成年後見とバッティングした場合の取扱いがどのようになるのかという問題点があります。

　1つは、成年被後見人となった場合、委託者として信託は設定できるかです。委託者が受託者と契約を締結して信託を設定するような場合、委託者にも契約を理解して締結できるだけの能力が要求されます。しかし、成年被後見人となった場合は、契約締結能力がないので信託の設定は難しいと考えます。では、遺言信託はどうかというと、遺言の場合は、事理を弁識する能力を一時回復した時において遺言をするには、医

師2人以上の立会いがなければならない（民法973①）から、この条件が満たされれば成年被後見人であったとしても遺言作成は可能となりますが、現実的には難しいと考えられます。委託者や受託者は判断能力が問われることから成年被後見人となった場合はなれないと考えられますが、受益者の場合は特に制限はないと考えられます。ただし、信託を変更するような場合は受益者の承諾が必要となります。成年被後見人の場合、承諾行為ができない可能性もありますから、このような場合は受益者代理人を置いて、その人が受益者の代わりに承諾することが考えられます。

　なお、成年後見支援信託というものがあり、成年被後見人の財産が一定以上の場合は、成年後見人が成年被後見人の財産を信託銀行に信託して定額の支払を行い、臨時の支払がある場合は家庭裁判所の許可を受けて支払をするような信託があります。これは、家族が成年後見人である場合、成年後見人が成年被後見人の財産を流用した事件が多数あったことからその防止のために設けられたものです。

　次に意思能力がある状況で信託を設定したが、その後、成年被後見人となった場合、成年後見人は信託契約を取り消すことができるのかという問題があります。本人の自由意思で行った契約行為ですから、原則的には取り消すことができないと考えますが、確実に取り消されないようにするためには、信託契約において信託を終了させる場合は、委託者と受益者の合意だけでなく、受託者の同意も必要である旨を信託条項に入れるべきです。

　なお、明らかに本人の財産を毀損するような内容である場合は、成年後見人に取り消される可能性はあると考えますが、取り消されるか否かの射程がどこかという問題は、今後の判決の積み重ねで実務の方向性が認められていくのではないかと考えます。

⑷　信託がうまくいくかどうかは受託者にかかっている

　実は、信託がうまくいくかどうかのかなりの部分は、仕事内容を理解し、誠実に受託者業務を行い続ける受託者の存在にかかっています。

　自分の前に高額な財産があり、かつ、受託者名義となることから、受託者が自由に使える部分もあります。成年後見人でも大問題となっているように、受託者が、信託預金や現金を使い込むこともできるわけです。信託不動産の売却については、信託契約の受託者の権限に不動産の売却が盛り込まれていない場合、受託者は信託不動産を売却できません。しかし、売却の権限が受託者にある場合は、受益者の不利益になるような売却をする可能性が否めません。もちろん売却後に忠実義務違反で受託者を訴えることはできますが、本当に損失が填補されるかどうかは別問題です。

　このような場合の打開策として、信託監督人や受益者代理人を設置して、受託者の行動を監督することは可能です。これは、成年後見人について後見監督人を置いていることと似ていますが、成年後見人が家庭裁判所の管理下に置かれ、成年後見監督人が置かれたとしても、成年後見人が成年被後見人の財産を私的に流用する事件はなくなりません。

　だから、受託者の資質が信託では極めて重要なのです。つまり、目の前に大金があったとしても、流用せず、誰が見ていなくても常に受託者に任された仕事を誠実にこなすことができる人であるかが受託者の資質の肝であり、信託の成功の肝なのです。税理士にその判定を委ねられても困ってしまうところもありますので、本当にその人でいいのかということについては、関係者の納得と覚悟を最初に得ておくことが大切です。明らかに信頼を毀損する可能性のある人ならば受託者にはなるべきではないし、もし、受託者としての適格者がいない場合は、信託スキームはやめて、他のスキームにすべきです。

(5) 大切なのはリスク説明と迅速な状況報告

　民事信託の契約書で、夢のようなプランを書いているものも多いですが、実際にその通りに動いていくかとなるといろいろな難問があるケースもあります。信託は、法人成りのように登記すれば必ず法人が出来上がって、法人として事業活動が行っていけるというようなものではありません。しかし、すべてがだめなわけでなく、実際に動いている民事信託もたくさんあります。

　最初のプレゼンテーションの時点で、問題がある場合は途中で信託スキームを断念して別のスキームを考える可能性もあることの了解を得ておくことはとても大事です。自分が大見栄切って提案したような場合、途中で問題が起こっても引っ込みがつかなくなり暴走してしまう人もいらっしゃるようですが、そのような傾向のある方は、信託スキームの提案はやめた方がいいと思います。

　信託が実際に動くまでの作り込みの時間で、関係者との連絡を頻繁にとって、どのような信託を作るべきか、どんな人が関わり、将来どのような問題が生ずる可能性があるのかをしっかり理解しておくことが大切です。

　信託の組成の過程で問題が生じた場合には、すぐに状況報告を関係者に行い対応を考えるべきです。そして、一連のやりとりを書面に残し、自分だけでなく関係者全員で共有しておきます。このような報告・連絡・相談の積み重ねが、将来のリスクの予防や、リスクが生じた場合の解決に役立ちます。

5

信託を作る

　なんとか鈴木さん一家を説得して、民事信託を作って鈴木さんの希望を実現させることになった山田税理士は、さっそく民事信託に着手することになりましたが、山田税理士自身経験したことがないので、不安もあります。

　そこで、先日の打合せで、「調べる」と答えた遺言代用信託と遺言信託のどちらで信託を設定するのかをまず考えることにしました。

1　遺言信託にするか、遺言代用信託にするか？

　遺言信託とは、遺言を作成し、遺言者の死亡により効力が生ずる信託です。他方、遺言代用信託とは、委託者の生前に信託し、生前は自分を受益者とするが、自分が死亡した場合は、別の人が受益者として継続して信託が行われるものです。

　いずれも、委託者の希望する人が、自分の死後に受益者として信託の利益を享受することになります。契約で作るか、遺言で作るかの違いがありますが、イメージしづらい信託という仕組みに自分の財産を委ねて本当によいのかという不安があります。いずれにしても、受益者が利益を受ける段階で委託者が確認することはできませんが、遺言代用信託の場合は、自分の生前に受託者と関わり続けられることから、受託者が信託をきちんと運営できるかを見極めることができます。

　遺言信託の場合、遺言により効力が生じ、遺言をみてはじめて自分が受託者として指定されたということを知るようなケースも考えられます。このような場合、自分が受託者不適任として受託者を辞退した場合、信託が宙ぶらりんになってしまいます（信託法5）。このような信託の不安定要素を減らすために遺言代用信託を選択することは合理的です。

(1)　委託者の地位の承継ができるかは重要な問題

　遺言信託と遺言代用信託の大きな違いとして、委託者の地位が承継できるか否かという問題点があります。遺言信託の場合は、原則として、委託者の地位を承継することができません（信託法147）。なぜなら、信託は、法定相続と異なる財産の承継となる場合が多いため、委託者の地位を承継する人と相続人の間で利害関係が対立し、立ちいかなくなる可能性があるからです。委託者の地位の承継について何も指定していない場合は、誰も委託者の地位を引き継げなくなります。しかし、遺言代用信託のような契約で信託を設定している場合は、原則として、相続により相続人に委託者の地位を承継することができます。

　委託者というのは、信託が動き出すまでは主役ですが、信託が動き出すと一歩引いた立場になります。しかし、何もできないのではなく、信託にとって重要な事項を決めるときの話し合いに参加する権利があります。たとえば、信託を変更しようとする場合は、原則的には、委託者と受益者と受託者の合意が必要となります（信託法149①）。また、原則的には、信託は委託者と受益者の合意でいつでも信託を終了させることができます（信託法164①）。

　遺言信託の場合、効力が生じた時点では、委託者は既に死亡しているので、委託者の地位を引き継いだ人がいない場合は、信託の変更ができない事態となってしまいます。鈴木ハウス信託の場合、受益者秋子への生活費の支払いを月額20万円のところを30万円に増額したいと秋子が春子に訴えたとしても、受益者と受託者だけでは支払の増額を認めることはできません。これは困ります。遺言代用信託の場合は、委託者の地位は相続人に承継されますが、もし、信託財産から財産をもらわない冬子に委託者の地位が承継されると、おそらく信託は立ちいかなくなります。

(2)　委託者の地位の承継と信託終了時の登録免許税

　山田税理士は、遺言信託か遺言代用信託かについて悩みに悩んでいました。信託が終了して、帰属権利者が不動産を取得するときには、登記をすることが必要となります。登記の際、登録免許税が課されるのですが、もし、委託者の地位が信託期間において承継されない場合は、相続による取得とされないから登録免許税（相続の場合は税率4/1000，遺贈の場合は税率20/1000）がかなり高くなるのではという情報をキャッチしました。なぜなら、登録免許税法第7条第2項で相続による取得として登録免許税が減額される条件は、次の3点だからです。

①　信託財産を受託者から受益者に移す

②　信託の効力が生じた時から引き続き委託者のみが信託財産の元本の受益者である

③　受益者が当該信託の効力が生じた時における委託者の相続人である

　鈴木ハウス信託の場合は、当初は受益者が委託者太郎、第2次受益者が秋子、帰属権利者が春子です。不動産登記が登場するのは、信託設定時と信託が終了した時点で、信託終了時に春子は帰属権利者ですが、帰属権利者は信託が終了して清算期間中は受益者とみなされる（信託法183⑥）ので、①の受益者に帰属権利者の春子は該当します。

　もし、第1次受益者の太郎が死亡して、第2次受益者の秋子が委託者の地位を承継した場合、②の効力が生じた時から引き続き委託者のみが信託財産の元本の受益者に該当すると考えます。そして最後に、帰属権利者春子は信託が生じた時点の委託者太郎の子供だから委託者の相続人です。つまり、秋子が委託者の地位を承継した場合、上記①、②、③の要件を満たすから相続による取得として登録免許税の減額は可能と考えます。登録免許税減額のメリットを税理士なら採用すべきだから委託者の地位は、太郎の死亡後は、秋子に承継すべきと山田税理士は考えました[1]。

1　国税庁HP「信託契約の終了に伴い受益者が受ける所有権の移転登記に係る登録免許税法第7条第2項の適用関係について」https://www.nta.go.jp/about/organization/tokyo/bunshokaito/sonota/03/besshi.htm

⑶ 委託者の地位を受益者が承継すると困る問題もある

しかし、委託者の地位を秋子が承継すると、気まぐれな秋子に信託の終了を宣言されて、鈴木ハウスを売却しかねないリスクもあります。なぜなら、信託というのは委託者及び受益者は、いつでも、その合意により、信託を終了することができるからです（信託法164）。

そこで、受益者単独ではなく、受託者の同意がなければ終了はできないように手を打つべきと考えました。

以上を踏まえ、山田税理士は、遺言信託ではなく、遺言代用信託にする。委託者の地位は、鈴木太郎死亡後は第2次受益者の鈴木秋子が承継する。ただし、信託契約で、受託者の合意がないと委託者兼受益者は終了できないという項目を盛り込むことにしました。

2 信託契約書案を深めていく

山田税理士は、以前、作っていた遺言信託を遺言代用信託にアレンジして、もう少し深く検討することにしました。

鈴木太郎（以下「委託者」という。）及び高橋春子（以下「受託者」という。）は、以下のとおり委託者の第2条に定める財産を、当初受益者鈴木太郎、鈴木太郎死亡時からは鈴木秋子を受益者とする信託を締結する。

第1条（信託の目的）
　鈴木太郎と鈴木秋子の生活支援のための財産管理と円滑な財産承継
第2条（信託財産）
　別紙信託財産目録記載の土地及び建物並びに金銭
　〈信託財産目録省略〉
第3条（受託者）
　高橋春子
第4条（信託期間）

　　受益者鈴木秋子が死亡するまで

第5条（受益者）

　　当初受益者　　鈴木太郎

　　鈴木太郎死亡後の受益者　　鈴木秋子

第6条（信託事務）

　1．受託者は以下の信託事務を行う

　　①　信託財産目録記載の不動産を管理するとともに第三者に賃貸
　　　し、賃借人から受領し管理し、不動産の管理のために必要な費用
　　　に充てるために支出すること。

　　②　信託財産に属する金銭を管理し、受益者の生活費、医療費、介
　　　護費のための費用に充てるために支出すること。

　　③　受託者は上記のほか受益者の生活のために必要と考えられる場
　　　合は、適切な援助を行うこと。

　2．受託者は、信託財産に属する金銭、預金その他の財産を受託者の
　　固有の財産と分別して管理する。

　3．受託者は、各計算期間末において貸借対照表及び損益計算書を作
　　成し、期末から1か月以内に受益者に報告する。

第7条（信託の計算期間）

　　信託の計算期間は、1月1日から12月31日とする。

第8条（帰属権利者）

　　高橋春子

第9条（委託者の地位）

　　委託者鈴木太郎が死亡した場合、委託者の地位は、受益者鈴木秋子が
承継するものとする。

第10条（信託の終了）

　　委託者兼受益者は、受託者の同意があった場合に限り、信託期間中に
信託を終了させることができる。

第11条（信託報酬）

　　信託報酬は無償とする。

　令和○年○月○日

委託者
住所　東京都△△区○○○１−２−３
鈴木太郎

受託者
住所　東京都△△区○○○１−２−３
髙橋春子

(1)　受託者が信託期間中に死亡したらどうなるの？

　受託者高橋春子は太郎−秋子夫妻の子供だから、おそらく「信託期間中は死なない」という前提に作っているのですが、もしかしたら、不慮の事故で春子の方が夫妻より早く死亡してしまうかもしれません。その場合は、どうなるのでしょうか。受託者がいないと、信託を運営することはできなくなります。

　信託法では、いきなり信託の終了とはせず、受託者が欠けた場合であって、新受託者が就任しない状態が１年間継続したときは、信託の終了原因となります（信託法163三）。もちろん春子が死亡した後に、次の受託者を決めることはできます。でも、事前に次の受託者を決めておくと、万が一のときの混乱を防ぐことはできます。

　そこで山田税理士は　第一次受託者を高橋春子、第二次受託者を春子の夫の高橋浩二にすることを考えました。

第３条（受託者）
　当初受託者　高橋春子
　高橋春子が死亡し、あるいは、成年被後見人、被保佐人となった場合の受託者　高橋浩二

　なぜ、成年被後見人、被保佐人となった場合も受託者を変更するかと

いうと、信託法で成年被後見人、被保佐人となった場合は受託者になれ
ないからです（信託法7）。

(2)　賃借人の引継ぎはどうなるの？　敷金はどうなるの？

　不動産を信託した場合、不動産名義が委託者から受託者に変更となり
ます。賃貸用不動産の場合は、賃貸借契約の賃貸人権利も受託者に移る
ことになりますが、この場合は、通常の賃貸用不動産の譲渡があった場
合と同様に、賃借人に対して賃貸借契約の賃貸人の承継があった旨と、
新しい賃料振込口座を通知することになります。

　不動産の賃貸契約を結ぶと、通常、賃借人から敷金を預かり、それは
賃貸人の変更により、新賃貸人に引き継がれます。このあたりのことも
契約書に記載するとしたら、次のようなものが考えられます。

第2条（信託財産）
　別紙信託財産目録記載の土地及び建物並びに金銭〇〇万円（内預り敷
金〇〇万円）
〈信託財産目録省略〉
第6条（信託事務）
　①　信託契約締結後、受託者は、直ちに賃借人に対して賃貸借契約の
　　賃貸人の地位を承継したこと並びに賃借料の振り込み先となる口座
　　を通知すること

---

(3)　受益者に対する支払を原則毎月定額とし、臨時支払のある場合は受託者の判断で決める場合はどうするの？

　受託者は金銭の信託を受けますが、現金で保管しておくのは安全では
ないので、受託者の信託口口座で資金管理することを指定することもで
きます。

　受託者の仕事として、受益者に対して利益を給付するというものがあ

ります。鈴木ハウス信託の場合は、太郎や秋子に対して生活費や介護費、医療費を支払うという仕事を受託者の春子が行うことになります。この給付について、どのように行うかを決めることもできます。

たとえば、必要な都度、受託者が支払うということもできますが、それでは受託者の仕事量も増えていきます。では、基本的な生活費部分を定額で本人に支払い、介護保険料や後期医療保険料、医療費その他の臨時的な部分は追加して支払えるようにするとした場合はどう書けばいいのかと考えました。

また、山田税理士は、受託者の仕事のうち、たとえば会計書類の作成の手伝いをおそらく行うことになると思い、その場合は、受託者業務の一部委任になるのではないか、また、他にも受託者業務の一部を委任する業者が現れるかもしれないと考え、その場合の関係を明確にする必要があることを文言にいれようと考えました。

第6条（信託事務）

① 信託契約締結後、受託者は、直ちに賃借人に対して賃貸借契約の賃貸人の地位を承継したこと並びに賃借料の振り込み先となる口座を通知すること。

② 受託者は信託財産に属する金銭を信託口の口座を開設して管理すること。

③ 信託財産目録記載の不動産を管理するとともに第三者に賃貸し、賃借人から受領し管理し、不動産の管理のために必要な費用に充てるために支出すること。

④ 受託者は受益者に対して、受託者は月額20万円の生活費を受益者に渡すとともに、受益者のための介護や医療、その他受益者のために必要と受託者が判断した臨時的な支出がある場合は、定額の生活費と別に支出すること。

⑤ 受託者は、信託業務の一部を受託者の選任する者に委任することができる。

---

(4) 信託内借入ができるようにするためにはどうするの？

次に山田税理士は、鈴木ハウスの将来の修繕や建て替えの場合の資金が、自前で調達できない場合の借入を信託で行えるためにはどうすればいいかを調べたところ、受託者の仕事の範囲内に盛り込む必要があるということがわかりました。そこで、それを信託事務の項目に書き加えることにしました。

第6条（信託事務）
　⑥　受託者は、信託目的を達するため、受託者が必要と認める金銭の借入又は信託財産に対して担保設定を行うことができる。

---

(5) 山田税理士が信託監督人になるためにはどうするの？

山田税理士は、鈴木ハウス信託の契約書案の作り込みをしながら、自分はこの信託にどのように関わり続けるのがいいのかと考えるようになりました。もちろん、顧問契約として鈴木太郎さんや秋子さん、高橋春子さんと関わり、その中でできることをするというのも1つの方法ですし、既に盛り込んだように受託者業務の一部の受注という形でいれることもできます。

信託に直接関わる方法として、信託監督人や受益者代理人があります。信託監督人は、受託者がちゃんとやっているかチェックする人という位置づけであり、受益者代理人は、受益者の代わりに信託の基本項目の変更を承諾し、受益者の権限でもって受託者を監督することができる人です。たとえば、信託監督人を自分が引き受ける場合はどのように契約に盛り込むのか考えました。

> 第12条 (信託監督人)
> 1. 信託監督人は以下の者とする。
>   山田花子
> 2. 信託監督人は、月額〇万円の報酬を受ける。業務遂行上必要な経
>   費が生じた場合は、別途受託者と協議して報酬を決め、受託者は信
>   託財産から報酬を支払う。

　なお、受託者業務の一部を山田税理士が引き受けた場合は、山田税理士が信託監督人となるのは難しいと考えます。

(6)　もし、春子が信託報酬を受け取るためにはどうするの？

　鈴木ハウス信託では、秋子の強い要望もあり、春子は鈴木ハウス信託の部屋に無償で住む代わりに信託報酬を受けない予定です。しかし、もし報酬を受け取る予定ならば、どのように記載するのでしょうか。

> 第11条 (信託報酬)
> 信託報酬は、月額〇〇万円とする。

3　信託に詳しい専門家のサポートは必要か？

　さて、山田税理士はとりあえず信託契約書案を作成しましたが、かなり不安を感じていました。

　山田税理士は、税務の専門家であったとしても信託法の専門家では全くなく、信託の書籍を大量に購入し、ネットを検索して、考え抜いて、太郎や春子に何度も話をきいて信託契約案は作ったのですが、本当にこれでいいのか不安なところがあります。

　他に民事信託に関わっている同業者に聞くと、弁護士や司法書士に丸投げしている人もいれば、公証人と相談して作っている人もいれば、自

分で案を作って信託法に詳しい人にレビューしてもらっている人もいます。

　鈴木ハウス信託の場合は、不動産を信託するから登記が必要となり、これは税理士ではできません。信託に詳しい司法書士や弁護士との関わり方として、登記の依頼や契約書のレビュー、税理士は信託運営後、従来の顧問のままで、信託監督人や受益者代理人の仕事を依頼するという方法も考えられますし、信託に詳しい専門家のネットワークを作って意見交換という形で知恵を借りることもできます。いずれにせよ、信託法に精通した方のアドバイスを受けると、思わぬ落とし穴が発見され、より精度が高いものができますが、当然ながらコストがかさみます。最終的にそのコストを負担するのは太郎になるので、彼の判断が重要となります。

　理想的には、信託に詳しい専門職の仲間を検討過程から探しておき、この人ならと決めたらアプローチして相談にのってもらい、一緒に信託の組成に参加してもらい、組成で終わりではなく、運営過程にも携わってもらうと、トラブルが生じたときの強い味方となります。というのも信託の旨味は、未来に起こることを想定して、自分の思うように固定させるところにあるのですが、未来のことなど誰も完ぺきに読み切ることはできません。委託者の希望と、委託者死亡後の相続人や受益者の希望が一致しないことが多いのではないでしょうか。だから、事前に家族で話し合うことが大切で、もし、将来、トラブルが起こりそうな予想がつくならば、なるべく信託に強い法律の専門家を仲間にいれておくべきです。

　法律の専門家が関わるから全く契約にはタッチしないというのは妥当ではありません。たとえ、丸投げしたとしても、将来、信託に関連したトラブルがあったときに私は関係ないといって逃げることはできないものです。

税理士は顧問契約を通じてお客様と広く、また深く付き合っていることから初めて関わる信託の専門家にはみえない視点をもっており、その視点での意見は契約作成にも大変役に立ちます。山田税理士のように一回、自分で信託契約書案や遺言信託案を作成しておくと、信託に対する理解が深まり、契約書が立体的にみえ、紙やパソコン上での契約が実際に動き出すとどのようになるのか？何か支障がないか？予想外のトラブルは何か？がより具体的にわかるので、それを回避する契約の修正も予めできますし、将来トラブルがあったときに上手に問題を解決させる可能性が高まります。

4　信託口口座、信託内借入はほんとうにできるのか？

(1)　信託口口座

　さて、信託を実際に動かす場合、契約の効力が生ずる前に必ず確認すべきことがあります。信託には必ず信託財産が存在していますが、信託財産は多様です。しかし、ほとんどの信託財産の中には金銭が含まれています。この金銭をすべて手提げ金庫に入れてる人は、まずいないと思います。おそらく、預貯金の口座を開設して、そこで多くの信託金銭の管理を行うことになります。信託財産は、受託者名義となりますが、あくまでも信託財産であり、受託者が自由に使ってよい固有財産ではないですから、固有財産と信託財産を区別して管理する必要があります。

　区別する方法としては、固有の口座と異なる名義で口座を設定することがあります。いわゆる「信託口口座」といわれるものですが、口座名義人として、たとえば「委託者 鈴木太郎 受託者 高橋春子 信託口」と記載されるものがこれに当たります。

　民事信託の中では、信託口口座のように信託財産であることがすぐ確認できる口座ではなく、単に受託者の名義の口座を利用している人もいます。この理由としては、単に別の名義の口座を作るのが煩雑だからと

いう理由もありますが、民事信託の口座を作ることに対する金融機関の
理解に温度差があることも理由の1つです。以前と比べると、金融機関
の民事信託に対する理解も深まり、窓口で信託口口座の開設を簡単に断
られることも少なくなってきていますが、口座開設が難しい場合もあり
ます。

　信託口口座が作れなかったら信託が設定できないということはないで
すが、最大のリスクは、受託者が倒産して、受託者の債権者が信託の口
座を差し押さえてしまうことです。信託の最大の特徴は、信託財産につ
いて受託者の債権者の差し押さえから免れることですが、信託口口座に
していないと差し押さえられる可能性があります。

(2) 信託内借入

　信託内借入とは、受託者が信託財産のために金融機関等からお金を借
りることで、信託法用語では信託財産責任負担債務といわれるものの一
つです。受託者名義の借入で、一般的には、信託財産を担保にする借入
が多いですが、担保となるのは信託財産だけでなく、受託者の個人財産
も担保対象となります。たとえば、限定責任信託を組成すれば、担保範
囲が信託財産に限定され、受託者の固有財産まで担保とされませんが、
おそらく金融機関が受け入れるのは難しいと思います。

　信託内借入を行うためには、信託契約書において、必ず、受託者が借
入を行うことができる旨の記載をしておく必要があります。この記載が
ないと、信託財産責任負担債務としての借入はできません。

　しかし、信託契約書に信託内借入ができる旨の記載があったとして
も、本当に金融機関が融資を実行するかどうかは別問題となります。と
いうのも、信託口以上に金融機関において民事信託の受託者に対する借
入への理解が少ないことが主たる原因と思いますが、信託を実行する側
（受託者側）においても適切な対応ができていないことも原因であると

考えます。また、金融機関の方で融資を認めたとしても、条件として契約に追加条項や他の条件を要求されることもあります。

　信託スキームにおいて信託内借入を実行する可能性が高い場合は、信託の効力が生ずる前に、必ず、信託内借入が可能か確認しておく必要があります。なぜならば、信託の効力が生じて、信託内借入が必要になってから金融機関に頼み、融資を断られてしまうと信託自体が立ちいかなくなる場合があるからです。融資が受けられないことが予想される場合は、別の金融機関に頼むか、信託スキームは取りやめて別のスキームを検討すべきです。

6

信託を運営する

1　スケジューリング

　すったもんだはありましたが、太郎さんは、信託で自宅兼賃貸住宅の鈴木ハウスを信託財産、春子を受託者、当初受益者を太郎、太郎の死後に受益者を秋子とする信託契約を締結し、鈴木ハウス信託の信託登記を行い、太郎の預金から200万円（内50万円預保証金）を春子名義の信託口口座に送金しました。信託締結から、信託終了後の手続きは下記のスケジュールに沿って行われました。提出期限が土日となる場合の調整は無視します。

　登記の手続きは、司法書士の先生にお任せするとして、これから、山田税理士が会計と税務手続きをどのように行ったかをみていきます。

2　信託の会計と仕訳

(1)　信託の会計の考え方

　信託の会計とは、信託財産に係る経済取引について受託者が記録する会計のことです。この会計方法は、一般に公正妥当と認められる会計の慣行に従うものとされています（信託法13）。ちなみに、株式会社の会計は、一般に公正妥当と認められる企業会計の慣行に従うものとされています（会社法431）。両者の違いは、「会計の慣行」か、「企業会計の慣行」ですが、信託の「会計の慣行」は、信託の目的や信託財産によって変わる柔軟な性質のものです。会計ルールを定めた信託計算規則はありますが、一般的な信託について厳格な会計のルールというのは定められていません。限定責任信託といって、信託の債権者の責任財産が信託財産に限られるような信託については債権者を守るために企業会計に近い会計ルールが定められています。

　信託法では、会計の方法を柔軟に変えても問題ありませんが、受託者は取引に係る証拠や帳簿、報告書を作成し10年間は保存しなければなりません（信託法37）。受託者が自分の名で他人の財産を預かり運用する

▶ スケジュール

鈴木ハウス信託スケジューリング			登記手続き	税務会計手続き	
		出来事		受託者(春子)	受益者 他
第1期	令和2年	4月1日 信託契約締結(太郎-春子) 資産の信託譲渡	信託登記	開始貸借対照表 取引の記録 開始	
		7月29日 太郎の死亡 受益者太郎→秋子変更	受益者変更登記		
		8月31日		信託に関する受益者別(委託者別)調書提出	
		11月29日			太郎準確定申告書提出 (秋子・春子・冬子) 青色申告承認申請 (秋子)
		12月31日 第1期末			
第2期	令和3年	1月31日		第1期信託の計算書提出 第1期信託の報告書提出 受益者秋子へ	
		3月15日			秋子確定申告書提出 (秋子)
		5月29日			太郎相続税申告書提出 (秋子・春子・冬子)
		7月1日 信託内借入			
		12月31日 第2期末			
第3期		1月31日		第2期信託の計算書提出 第2期信託の報告書提出 受益者秋子へ	
		3月15日			秋子確定申告書提出 (秋子)
		6月30日 秋子の死亡・信託終了第3期末			
	令和4年	残余財産→春子に帰属			
			信託終了登記		
		7月31日		信託に関する受益者別(委託者別)調書提出 第3期信託の報告書提出 帰属権利者春子へ	
		10月31日			秋子準確定申告書提出 (春子・冬子) 青色申告承認申請
		12月31日			
	令和5年	1月31日		第3期信託の計算書提出	
		3月15日			春子確定申告書提出 (春子)
		4月30日			秋子相続税申告書提出 (春子)

※なお、受託者が信託の計算書や信託に関する受益者(委託者別)調書を提出する
ときに同時に合計表も提出します。

という仕事を適切に行っていることを証明するために不可欠だからです。ですから信託契約で帳簿を作成しなくてもいいというようなルールを作ることも認められません。また、受託者は、毎年1回、一定の時期に、貸借対照表、損益計算書その他の法務省令で定める書類または電磁的記録を作成しなければならないとされています（信託法37）。受益者の知る権利に応えるためです。鈴木ハウス信託では、信託契約書において信託計算期間を1月1日から12月31日までとし、期末から1か月以内に貸借対照表と損益計算書を作成して受益者に報告するというルールを定めています。

　鈴木ハウス信託は、太郎や秋子の晩年の生活を守り、鈴木ハウスが売却等によりなくなることを防ぎ、最終的には家を春子に渡すことを目的に、家の一部を賃貸してお金を稼ぎ、そのお金で生活費を賄うというものです。不動産の賃貸をしてお金を受取り、必要経費を支払うという賃貸業の部分と、得られたお金から生活費を支払う個人的な生活の部分が混在しています。不動産賃貸の部分の会計については不動産所得の申告をする際に必要な部分ですから、申告に必要な情報を的確に引っ張り出せるように作るべきです。他方、個人的な生活の部分は、外部の人がみることは基本はないので、どんぶり勘定でもよいのではないかとも考えられます。しかし、どんぶり勘定であると受託者が私的に流用するリスクも増えるから、何に使ってお金が出ていったかをわかるようにすべきです。さらに、金融機関から信託財産を担保にお金を借りる場合は、受託者の作成した財産状況開示資料（貸借対照表や損益計算書）の提出を求められますので、第三者がみてもわかるような書類を作る必要があります。

　そこで、鈴木ハウス信託という個人の事業と家計が混在する会計と報告書を考えてみました。ベースとなる帳簿への記帳方法は複式簿記を使います。

(2) 開始仕訳と開始貸借対照表

　信託契約が締結され、信託財産が委託者太郎から受託者春子に引き継がれて信託はスタートします。受託者としては信託財産の受入れという経済取引が発生していますから、取引を記帳する必要性が生じます。複式簿記で仕訳を表すと、勘定科目は次のようになります。

借方		貸方	
預金	×××	預り金	×××
建物	×××	信託元本	×××
土地	×××		

　ここで問題となるのは、それぞれの勘定科目の金額をいくらにすべきかです。預金は信託口口座に預けた金額となりますし、預り金も信託設定段階での賃借人から預かった敷金の残高を調べればわかります。預金は200万円、預り保証金は賃借人3名合わせて50万円でした。

①　建物の受入価額をどうするか

　問題は建物と土地の受入価額をいくらにするかです。

　信託の受入価額は、時価で受け入れるのが原則です。この場合の時価ですが、特に決められた計算方法はありません。信託の目的を考えて合理的な価額を計算します。鈴木ハウス信託の場合、建物の時価情報が必要となるのは、所得税と相続税を計算するときです。所得税の計算では不動産所得の金額の計算上、建物の減価償却費を計算する必要があります。太郎さんの所得税の確定申告において鈴木ハウスは賃貸併用住宅で、減価償却費は床面積で按分して60％相当を必要経費として算入していました。令和元年12月31日現在の建物の未償却残高は、青色申告決算書（不動産所得用）を読むとわかりますから、そこから4月1日現在の建物の未償却残高を計算することもできます。

　また、鈴木ハウス信託は将来の太郎や秋子の相続を念頭にいれて設

計されることから、相続税の計算をする際にも建物の時価情報が必要
となります。建物の相続税評価額は、建物の固定資産税評価額に基づ
くため、この固定資産税評価額を把握する必要があります。建物の固
定資産税評価額は、毎年送られてくる固定資産税・都市計画税の納税
通知書を読むとわかります。

　山田税理士は、受託者の会計の受入価額は固定資産税評価額に基づ
き、賃貸部分については借家権割合を控除して評価することにしまし
た。ただし、固定資産税評価額は令和2年分がまだ送られてきてい
ないことから令和1年分に基づきました。

　なぜこのようにしたかというと、居住用部分の減価償却を反映させ
る意味があまりないこともありますが、賃貸部分の減価償却の計算は
受託者の会計で行わなくても申告時に一括して行う方が簡便であり、
相続税評価額がいくらなのかを予め把握したかったからです。

　建物の固定資産税評価額は2,000万円であり、借家権割合が30％で
あることから相続税評価額は1,640万円となりました。

$$20,000,000円 \times 1.0 \times (1 - 30\% \times 60\%) = 16,400,000円$$
＊1　30％：借家権割合　　＊2　60％：建物のうち賃貸割合

② 　土地の受入価額をどうするか

　次に土地の受入価額ですが、山田税理士は、こちらも相続税評価額
で計算することにしました。土地の評価額が必要になるのは相続税の
計算時であり、信託時点で相続税評価額を計算しておくと、実際に相
続が生じたときの作業が簡便化されるからです。

　鈴木ハウスの土地は、地積が150㎡の整形地で、一面だけ30万円の
路線価の道路に面しており、奥行価格補正率も1.0で他に減額要因が
なく、借地権割合が60％の土地であることから、相続税評価額は
4,014万円でした。

$$300,000円 \times 1.0 \times 150㎡ \times （1 - 60\% \times 30\% \times 60\%）= 40,140,000円$$

③ 信託元本とは何か

　仕訳は必ず貸借の金額が一致することになり、信託による受入れ資産と負債を引いた差額については、信託元本という勘定科目を使うことがよくあります。通常、信託契約に信託元本の定義があり、不動産信託の場合は、受け入れた不動産や付随する負債が信託元本に含まれています。これらは信託期間にわたって保有し続けなければならないのが一般的です。信託元本は、個人事業の場合の元入金や会社の場合の資本金や純資産のようなものと考えるとわかりやすいと思います。

　鈴木ハウス信託開始時の貸借差額を計算すると5,804万円であり、開始仕訳は次のようになります。

借方		貸方	
預金	2,000,000円	預り金	500,000円
建物	16,400,000円	信託元本	58,040,000円
土地	40,140,000円		

また、開始貸借対照表は次のようになります。

貸借対照表
令和2年4月1日現在　　（単位：円）

預金	2,000,000	預り金	500,000
建物	16,400,000	信託元本	58,040,000
土地	40,140,000		
	58,540,000		58,540,000

(3) 期間中の取引の仕訳

　それでは、期中の取引はどうなるのでしょうか。信託の会計は信託の目的に応じて柔軟に対応することができます。大切なのは、最初に会計方針を決めたら継続してその方法に従って会計処理を行うことです。

　通常の収入および経費の支払いについては、個人経営や会社の経理処

理と変わりません。

　たとえば、3軒の賃借人がいたとして、それぞれの家賃が月額10万円、15万円、25万円の場合、4月1日に入金された場合の仕訳は次のようになります。

借方　　　　　　　　　　貸方
預金　500,000円　　　　受取家賃　500,000円

　これは、通常の仕訳と変わりません。問題となるのは、個人の生活費に関連する支払があった場合の仕訳です。個人の事業所得の計算の場合で、生活費を支出したときは、事業主貸勘定を使うことがあります。受託者の会計において、事業主貸勘定ならぬ受益者勘定を用いて処理することもできます。

　山田税理士は、受託者の会計は税金の計算のためではなく、秋子の生活のためにどのようにお金が使われたかがよくわかるような資料を作ろうと考えました。そこで太郎や秋子のための支出のうち定期的な支出は生活費、医療保険料、税金（固定資産税は租税公課勘定）といった勘定科目を使い、臨時的な高額な支出は内容がわかるような勘定科目を使うことにしました。また、不動産に関わる経費のうち、不動産所得の必要経費となる部分と個人の住居費部分に区分する必要のある項目（たとえば、固定資産税）は、信託の会計上は区分しないことにしました。そして、税金を計算する際には、受託者が作った信託の損益計算書や貸借対照表から不動産所得に必要な部分を切り分けることにしました。

⑷　第1期（令和2年12月31日期）の損益計算書、貸借対照表

　令和2年4月1日に信託契約が締結され、信託はスタートしました。信託の会計は経済取引をするごとに生じることになります。お金の取引は信託口口座の預金を通して行われ、賃料の入金や不動産賃貸の経費、

生活費が支出されていきます。7月29日に太郎が死亡して、受益者が秋子に変更されますが、信託の計算期間は7月29日で信託期間を区切らず、12月31日までの期間を一信託計算期間とすることから、令和2年12月31日期の損益計算書、貸借対照表を作成し、それは次のようになります。

損益計算書　　（単位：円）
令和 2 年 4 月 1 日～令和 2 年 12 月 31 日

賃料収入	4,500,000	
収入合計		4,500,000
不動産経費		
租税公課	330,000	
修繕費	300,000	
管理諸費	540,000	
不動産経費計	1,170,000	
個人経費		
生活費	1,800,000	
医療・保険料	345,000	
税金	400,000	
葬儀費用	1,000,000	
個人経費計	3,545,000	
経費合計		4,715,000
信託損失		▲215,000

貸借対照表
令和 2 年 12 月 31 日現在　　（単位：円）

預金	1,785,000	預り金	500,000
建物	16,400,000	信託元本	57,825,000
土地	40,140,000		
	58,325,000		58,325,000

　不動産経費は、不動所得の計算上必要経費とならないものも含めて、不動産管理経費として支払ったものです。減価償却費は、所得税の申告の際に計算することとしているために、信託の損益計算書には含まれていません。

　個人経費のうち、生活費は太郎や花子に毎月20万円支払ったもので

や介護保険料・後期高齢者医療保険料、介

、太郎の令和2年度の住民税や準確定申告

。葬儀費用100万円は太郎に係るものであ

上しました。

31日期）の損益計算書、貸借対照表

託の貸借対照表と損益計算書は、次のように

損益計算書		（単位：円）
1月1日～令和3年12月31日		
	4,750,000	
		4,750,000
費		
果	410,000	
	5,000,000	
費	200,000	
息	75,000	
費	720,000	
費計	6,405,000	
個人経費		
生活費	2,400,000	
医療・保険料	300,000	
税金	200,000	
個人経費計	2,900,000	
経費合計		9,305,000
信託損失		▲4,555,000

貸借対照表			
令和3年12月31日現在		（単位：円）	
預金	1,980,000	預り金	250,000
建物	16,400,000	借入金	5,000,000
土地	40,140,000	信託元本	53,270,000
	58,520,000		58,520,000

　令和3年12月31日期の特徴は、修繕費の支払い500万円が生じて、資金不足から7月1日に500万円の信託借入を行ったことです。借入金の

利息が年利３％であることから支払利息7.5万円が生じました。また、賃借人の１人（家賃25万円）が７月に退去し、預り保証金25万円を返還しました。広告宣伝費として20万円を支払い賃借人の募集をしたにもかかわらず、12月末まで契約に至りませんでした。そのために信託損失455.5万円が生じました。

　個人の経費については、毎月20万円の定額の生活費の支払いの他に、介護保険料や後期高齢者医療保険料、医療費、介護費の支払いが30万円、秋子の所得税と住民税の納付が20万円ありました。

(6)　第３期（令和４年６月30日期）の損益計算書、貸借対照表

　令和４年６月30日、秋子が突然、脳梗塞でこの世を去り、信託は終了しました。したがって、令和４年の信託期間は令和４年１月１日から令和４年６月30日までとなります。

損益計算書　　（単位：円）
令和４年１月１日～令和４年６月30日

賃料収入	3,000,000	
権利金収入	250,000	
収入合計		3,250,000
不動産経費		
租税公課	200,000	
支払利息	75,000	
管理諸費	360,000	
不動産経費計	635,000	
個人経費		
生活費	1,200,000	
医療・保険料	280,000	
税金	0	
個人経費計	1,480,000	
経費合計		2,115,000
信託利益		1,135,000

貸借対照表
令和 4 年 6 月 30 日現在　　（単位：円）

預金	3,365,000	預り金	500,000
建物	16,400,000	借入金	5,000,000
土地	40,140,000	信託元本	54,405,000
	59,905,000		59,905,000

　この信託期間においては、募集していた部屋の賃貸契約が1月に締結されたことで権利金収入25万円があり、また、預り保証金として25万円を受取りました。この6か月は稼働率100％であり、臨時の経費の支払いもないことから113.5万円の利益が生じ、預金残高も12月末から138.5万円増加しました。

3　受益者の税務と不動産所得の決算書

　信託の会計について、時系列で損益計算書や貸借対照表を並べて説明しましたが、次に私たちの仕事とかかわる所得税、特に青色申告決算書（不動産所得用）について説明します。

(1)　太郎の準確定申告書
① 準確定申告の留意点
　太郎は令和 2 年 7 月29日に死亡していますから、令和 2 年 1 月 1 日から 7 月29日までの所得について、相続の開始があったことを知った日の翌日から 4 か月以内に申告と納税をしなければなりませんから、申告期限は令和 2 年11月29日となります。この場合、太郎の死亡時の納税地に、相続人秋子、春子、冬子が準確定申告書を提出することになります。
② 不動産所得の青色申告決算書
　太郎の所得のうち不動産所得は、令和 2 年 1 月 1 日から 7 月29日までの期間について所得を計算しなければなりません。この期間の

うち1月1日から3月31日までの期間は、太郎が直接不動産を所有し、賃料を受け取る期間であり、4月1日から7月29日までの期間は春子が受託者、太郎が受益者として収益を受ける期間であることから、この2つの期間の収入と費用を合算して所得の計算をする必要があります。

　山田税理士は、2つの期間の収入と減価償却費以外の不動産経費をまず集計し、次に、不動産経費のうち必要経費になる部分を切り出しました。以前から、租税公課と管理諸費は支払った必要経費のうち床面積按分を基準として60％を必要経費とし、修繕費については個別対応をしていました。今回7月29日までに発生した修繕費については100％必要経費が20万円、60％必要経費が30万円として計算しました。

▶ 太郎　令和2年1月1日〜7月29日までの所得計算

期間	令和2年 1月1日〜 3月31日	4月1日〜 7月29日	合計	必要経費率	（単位：円）
賃料収入	1,500,000	2,000,000	3,500,000		3,500,000
更新料収入	250,000		250,000		250,000
合計	1,750,000	2,000,000	3,750,000		3,750,000
租税公課	110,000	110,000	220,000	60%	132,000
修繕費	200,000		200,000	100%	200,000
修繕費		300,000	300,000	60%	180,000
管理諸費	180,000	240,000	420,000	60%	252,000
		経費合計	1,140,000	必要経費合計	764,000

　この情報に基づいて、令和2年分の準確定申告の青色申告決算書を作成しました。なお、税理士報酬は管理諸費の中に含まれているとして、今回は別建て表示していません。

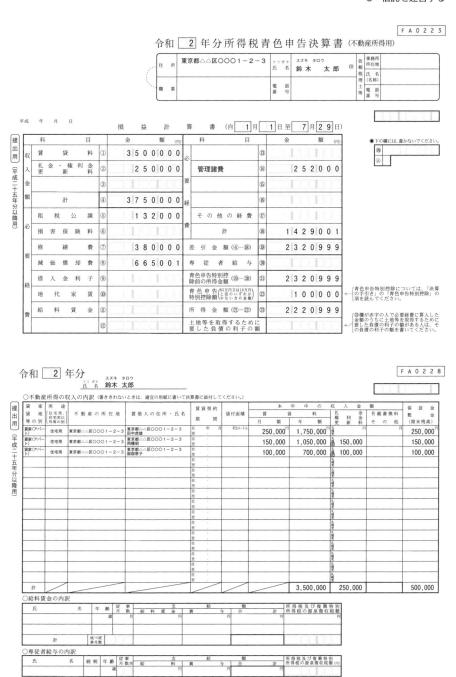

FA0223

令和 2 年分所得税青色申告決算書（不動産所得用）

住所	東京都△△区○○○1-2-3	フリガナ 氏名	スズキ タロウ 鈴木 太郎 ㊞	依頼税理士等	事務所所在地 氏名（名称）
職業		電話番号			電話番号

損益計算書（自 1月 1日至 7月 29日）

科目	金額（円）	科目	金額（円）
収入金額 賃貸料 ①	3500000	⑬	
礼金・権利金更新料 ②	250000	管理諸費 ⑭	252000
③		⑮	
計 ④	3750000	⑯	
必要経費 租税公課 ⑤	132000	その他の経費 ⑰	
損害保険料 ⑥		計 ⑱	1429001
修繕費 ⑦	380000	差引金額（④-⑱）⑲	2320999
減価償却費 ⑧	665001	専従者給与 ⑳	
借入金利子 ⑨		青色申告特別控除前の所得金額（⑲-⑳）㉑	2320999
地代家賃 ⑩		青色申告特別控除額 ㉒	100000
給料賃金 ⑪		所得金額（㉑-㉒）㉓	2220999
⑫		土地等を取得するために要した負債の利子の額	

99 Ａ

※下の欄には、書かないでください。

青色申告特別控除については、「決算の手引き」の「青色申告特別控除」の項を読んでください。

※損益が赤字の人で必要経費に算入した金額のうちに土地等を取得するために要した負債の利子の額がある人は、その負債の利子の額を書いてください。

令和 2 年分

フリガナ スズキ タロウ 氏名 鈴木 太郎

FA0228

○不動産所得の収入の内訳（書ききれないときは、適宜の用紙に書いて決算書に添付してください。）

貸家貸地等の別	用途	不動産の所在地	賃借人の住所・氏名	賃貸契約期間	貸付面積	賃貸料 月額	賃貸料 年額	礼金権利金更新料	名義書換料その他	保証金敷金（期末残高）
貸家（アパート）	住宅用	東京都△△区○○○1-2-3	東京都△△区○○○1-2-3 田中虎雄	自 至	平方メートル	250,000	1,750,000			250,000
貸家（アパート）	住宅用	東京都△△区○○○1-2-3	東京都△△区○○○1-2-3 岡橋昭			150,000	1,050,000	150,000		150,000
貸家（アパート）	住宅用	東京都△△区○○○1-2-3	東京都△△区○○○1-2-3 服部恵子			100,000	700,000	100,000		100,000
計							3,500,000	250,000		500,000

○給料賃金の内訳

氏名	年齢	従事月数	給料賃金	賞与	合計	所得税及び復興特別所得税の源泉徴収税額
計		延べ従事月数				

○専従者給与の内訳

氏名	続柄	年齢	従事月数	給料	賞与	合計	所得税及び復興特別所得税の源泉徴収税額

フリガナ スズキ タロウ
氏名 鈴木 太郎

○減価償却費の計算

減価償却資産の名称等（繰延資産を含む）	面積又は数量	取得年月	イ 取得価額（償却保証額）	ロ 償却の基礎になる金額	償却方法	耐用年数	ハ 償却率又は改定償却率	ニ 本年中の償却期間	ホ 本年分の普通償却費（ロ×ハ×ニ）	割増（特別）償却費	ト 本年分の償却費合計（ホ+へ）	貸付割合	チ 本年分の必要経費算入額（ト×チ）	リ 未償却残高（期末残高）	摘要
賃貸住宅		22・1	50,000,000（ ）	50,000,000	定額法	27	0.038	7/12	1,108,334		1,108,334	60.00	665,001	29,891,666	
		・	（ ）					/12							
		・	（ ）					/12							
		・	（ ）					/12							
		・	（ ）					/12							
		・	（ ）					/12							
		・	（ ）					/12							
		・	（ ）					/12							
計		・						/12	1,108,334		1,108,334		665,001	29,891,666	

(注) 平成19年4月1日以後に取得した減価償却資産について定率法を採用する場合にのみイ欄のカッコ内に償却保証額を記入します。

○地代家賃の内訳　　　○借入金利子の内...

　所得税の準確定申告書、死亡した者の令和2年分の確定申告書付表は省略します。

③　信託から生ずる不動産所得の金額に関する明細書

　信託の受益者である個人について不動産所得がある場合は、通常の青色決算書に加えて、信託から生ずる不動産所得の金額に関する明細書を信託ごとに作成する必要があります。

　鈴木太郎の場合、令和2年の所得は1月1日から7月29日までですが、信託に関する不動産所得は4月1日から7月29日までですので、その部分の不動産所得を切り出し、次のような明細書を作成しました。

令和2年分　信託から生ずる不動産所得の金額に関する明細書

受益者　　　鈴木太郎
住所　　　　東京都△△区○○○1−2−3
信託に関する事項
信託の名称　　　鈴木ハウス信託
信託事業内容　　鈴木ハウスの賃貸事業

受託者名	高橋春子
受託者所在地	東京都△△区〇〇〇１－２－３
信託期間	令和２年４月１日～７月29日

所得の内訳
総収入金額

賃料収入	2,000,000
合計	2,000,000

必要経費

租税公課	66,000
修繕費	180,000
管理諸費	144,000
減価償却費	380,000
合計	770,000
差引所得	1,230,000

(2) 秋子の青色申告承認申請

　令和２年７月29日に太郎が死亡したことから、受益者が秋子に変更され、秋子が不動産所得を引き継いでいくことになります。太郎が青色申告で不動産所得を計算していたことから、秋子も青色申告で不動産所得を申請したいと考えています。青色申告の承認を受けていた被相続人の事業を相続により承継した場合は、相続開始を知った日（死亡の日）の時期に応じて申請期限が異なります。

・その死亡の日がその年の１月１日から８月31日までの場合
　　：死亡の日から４か月以内
・その死亡の日がその年の９月１日から10月31日までの場合
　　：その年の12月31日まで
・その死亡の日がその年の11月１日から12月31日までの場合
　　：その年の翌年の２月15日まで

税務署受付印

所得税の青色申告承認申請書

_____ 税務署長

_____ 年 _____ 月 _____ 日提出

納 税 地	○住所地・○居所地・○事業所等（該当するものを選択してください。） （〒　　－　　） **東京都△△区○○○１－２－３** （TEL　　－　　－　　）	
上記以外の 住 所 地・ 事 業 所 等	納税地以外に住所地・事業所等がある場合は記載します。 （〒　　－　　） （TEL　　－　　－　　）	
フリガナ 氏　　名	スズキ アキコ **鈴木　秋子** ㊞	生年月日 ○大正 ●昭和 ○平成 ○令和 **17**年**10**月**10**日生
職　　業		フリガナ 屋号

令和_____年分以後の所得税の申告は、青色申告書によりたいので申請します。

1　事業所又は所得の基因となる資産の名称及びその所在地（事業所又は資産の異なるごとに記載します。）

　　名称 **鈴木ハウス**　　　　　所在地 **東京都△△区○○○１－２－３**

　　名称_____　　　　　所在地_____

2　所得の種類（該当する事項を選択してください。）

　　○事業所得・●不動産所得・○山林所得

3　いままでに青色申告承認の取消しを受けたこと又は取りやめをしたことの有無

　(1)　○有（○取消し・○取りやめ）_____年_____月_____日　　(2)　●無

4　本年1月16日以後新たに業務を開始した場合、その開始した年月日　**令和 2** 年 **7** 月 **30** 日

5　相続による事業承継の有無

　(1)　●有　相続開始年月日　**令和 2** 年 **7** 月 **29** 日　被相続人の氏名 **鈴木 太郎**　　　　　(2)　○無

6　その他参考事項

　(1)　簿記方式（青色申告のための簿記の方法のうち、該当するものを選択してください。）

　　　●複式簿記・○簡易簿記・○その他（　　　　　　　　　）

　(2)　備付帳簿名（青色申告のため備付ける帳簿名を選択してください。）

　　　●現金出納帳・○売掛帳・○買掛帳・○経費帳・●固定資産台帳・●預金出納帳・○手形記入帳
　　　○債権債務記入帳・●総勘定元帳・●仕訳帳・○入金伝票・○出金伝票・○振替伝票・○現金式簡易帳簿・○その他

　(3)　その他

関与税理士 （TEL　　－　　－　　）	税務署整理欄	整 理 番 号	関係部門連絡	A	B	C
		0				
		通 信 日 付 印 の 年 月 日		確認印		
		年　　月　　日				

　太郎が死亡したのは令和2年7月29日であることから、申請期限は準
確定申告と同様に令和2年11月29日までとなります。

　なお、太郎が営んでいた不動産貸業は事業的規模に満たないため、
「個人事業の開業届出」の提出は不要です。

(3)　秋子の令和2年の確定申告

① 　令和2年の確定申告の留意点

　令和2年7月29日に太郎が死亡し、死亡後から年末までの所得に
ついては信託契約で受益者が秋子と指定されているので、確定申告に
おいては、秋子の所得として計算していくことになります。

② 　不動産所得の青色申告決算書

　太郎の準確定申告の際の青色申告決算書と同様の方法で青色申告決
算書を作成していきます。太郎の死亡は7月29日ですが、8月から
12月までの損益を所得として取り込みました。租税公課や管理諸費
は、費用の60%を必要経費とします。

▶ 秋子　令和2年7月30日〜令和2年12月31日までの所得計算

期間	7月30日〜 12月31日	必要経費率	(単位：円)
賃料収入	2,500,000		2,500,000
更新料収入	0		0
合計	2,500,000	0	2,500,000
租税公課	220,000	60%	132,000
修繕費	0	100%	0
修繕費	0	60%	0
管理諸費	300,000	60%	180,000
経費合計	520,000	必要経費合計	312,000

　この情報に基づいて、減価償却費を含めて作成した鈴木秋子の令和
2年分の青色申告決算書は、以下の通りです。

　なお、減価償却は厳密には6か月ですが、ここでは他の収益費用
の計上期間とあわせて計算しました。

令和 ②年分所得税青色申告決算書 (不動産所得用)

住 所	東京都△△区○○○1-2-3	フリガナ 氏 名	スズキ アキコ 鈴木 秋子 ㊞	依頼税理士等	事務所所在地	
職 業		電話番号			氏 名 (名称) 電話番号	

平成　年　月　日

損 益 計 算 書 (自 ７月 30日 至 12月 31日)

●下の欄には、書かないでください。

	科　目		金　額 (円)		科　目		金　額 (円)
収入金額	賃　貸　料	①	2500000	必		⑬	
	礼金・権利金更　新　料	②		要	管理諸費	⑭	180000
		③				⑮	
	計	④	2500000	経		⑯	
必	租 税 公 課	⑤	132000	費	その他の経費	⑰	
	損 害 保 険 料	⑥			計	⑱	787001
要	修　繕　費	⑦			差引金額(④-⑱)	⑲	1712999
	減 価 償 却 費	⑧	475001		専 従 者 給 与	⑳	
経	借 入 金 利 子	⑨			青色申告特別控除前の所得金額(⑲-⑳)	㉑	1712999
	地 代 家 賃	⑩			青色申告 (55万円又は10万円 特別控除額 (とのいずれか (少ない方の金額	㉒	100000
費	給 料 賃 金	⑪			所 得 金 額 (㉑-㉒)	㉓	1612999
		⑫			土地等を取得するために要した負債の利子の額		

青色申告特別控除については、「決算の手引き」の「青色申告特別控除」の項を読んでください。

㉓欄が赤字の人で必要経費に算入した金額のうちに土地等を取得するために要した負債の利子の額がある人は、その負債の利子の額を書いてください。

令和 ②年分

フリガナ スズキ アキコ
氏 名　鈴木 秋子

○不動産所得の収入の内訳 (書ききれないときは、適宜の用紙に書いて決算書に添付してください。)

貸家貸地等の別	用途(住宅用、住宅用以外等の別)	不動産の所在地	賃借人の住所・氏名	賃貸契約期間	貸付面積	本 年 中 の 収 入 金 額					保証金敷金 (期末残高)
						賃 貸 料		礼金権利更新金料	名義書換料	その他	
						月 額	賃貸料				
貸家(アパート)	住宅用	東京都△△区○○○1-2-3	不動産の所在地と同じ 田中虎雄	自　年　月 至　　　月	平カメートル	250,000円	1,250,000円	円	円	円	250,000円
貸家(アパート)	住宅用	東京都△△区○○○1-2-3	不動産の所在地と同じ 岡橋明	自 至		150,000	750,000				150,000
貸家(アパート)	住宅用	東京都△△区○○○1-2-3	不動産の所在地と同じ 服部恵子	自 至		100,000	500,000				100,000
				自 至							
				自 至							
				自 至							
				自 至							
				自 至							
				自 至							
				自 至							
				自 至							
				自 至							
				自 至							
				自 至							
計							2,500,000				500,000

○給料賃金の内訳

氏　　名	年齢	従事月数	支 給 額			所得税及び復興特別所得税の源泉徴収税額
			給料賃金	賞　与	合　計	
	歳	月	円	円	円	円
計		延べ従事月数				

○専従者給与の内訳

氏　　名	続柄	年齢	従事月数	支 給 額			所得税及び復興特別所得税の源泉徴収税額
				給　料	賞　与	合　計	
		歳	月	円	円	円	円

フリガナ スズキ アキコ
氏 名 鈴木 秋子

○減価償却費の計算

（平成二十五年分以降用）

減価償却資産の名称等（繰延資産を含む）	面積又は数量	取得年月	④取得価額（償却保証額）	⑤償却の基礎になる金額	償却方法	耐用年数	⑥償却率又は改定償却率	本年中の償却期間	⑦本年分の普通償却費（⑤×⑥×⑦）	割増（特別）償却費	⑧本年分の償却費合計（⑦＋⑧）	貸付割合	⑨本年分の必要経費算入額（⑧×⑨）	⑩未償却残高（期末残高）	摘要
賃貸住宅		22・1	50,000,000	50,000,000	定額法	27	0.038	5月/12	791,667		791,667	60.00	475,001	29,099,999	
		・	（ ）					/12							
		・	（ ）					/12							
		・	（ ）					/12							
		・	（ ）					/12							
		・	（ ）					/12							
		・	（ ）					/12							
		・	（ ）					/12							
		・	（ ）					/12							
計									791,667		791,667		475,001	29,099,999	

(注) 平成19年4月1日以後に取得した減価償却資産について定率法を採用する場合にのみ④欄のカッコ内に償却保証額を記入します。

○地代家賃の内訳　　　　　　　　　　　　　○借入金利子の内訳

③　信託から生ずる不動産所得の金額に関する明細書

　信託の受益者である個人について不動産所得がある場合は、通常の青色決算書に加えて、信託から生ずる不動産所得の金額に関する明細書を信託ごとに作成する必要があります。

　鈴木秋子の令和2年の不動産所得は、すべて信託の不動産所得ですから、青色決算書と同様の内容の明細書を次のように作成しました。

令和2年分　信託から生ずる不動産所得の金額に関する明細書

受益者　　　鈴木秋子
住所　　　　東京都△△区○○○ 1－2－3
信託に関する事項
信託の名称　　　鈴木ハウス信託
信託事業内容　　鈴木ハウスの賃貸事業
受託者名　　　　高橋春子
受託者所在地　　東京都△△区○○○ 1－2－3
信託期間　　　　令和2年7月30日から12月31日

```
所得の内訳
総収入金額
賃料収入          2,500,000
合計             2,500,000

必要経費
租税公課           132,000
管理諸費           180,000
減価償却費          475,001
合計              787,001

差引所得          1,712,999
```

⑷　秋子の令和 3 年の確定申告

① 令和 3 年の確定申告の留意点

　　令和 3 年の秋子の確定申告の特徴としては、賃借人の 1 人が退去し、5 か月間賃料収入が入らなかったこと、大きな修繕費が発生し赤字になったことです。信託に係る不動産所得について損失が生じた場合は、その損失はなかったこととされますから（措法41の 4 の2）、他の所得と通算できません。それを青色申告決算書にどのように反映するか考えました。令和 3 年期は赤字が111万円発生しています。これは、不動産所得の生ずる信託について生ずるものですから切り捨てられ、その情報は「信託から生ずる不動産所得の金額に関する明細書」に記載されます。そして、この損失は他の信託の所得や不動産所得とも通算できないことから、不動産所得の青色決算書㉑、㉓は 0 と記載しました。

②　不動産所得の青色申告決算書

▶ 秋子　令和3年1月1日〜令和3年12月31日までの所得計算

期間	1月1日〜 12月31日	必要経費率	（単位：円）
賃料収入	4,750,000		4,750,000
更新料収入	0		0
合計	4,750,000	0	4,750,000
租税公課	410,000	60%	246,000
修繕費	2,000,000	100%	2,000,000
修繕費	3,000,000	60%	1,800,000
広告宣伝費	200,000	100%	200,000
支払利息	75,000	56%	42,000
管理諸費	720,000	60%	432,000
経費合計	6,405,000	必要経費合計	4,720,000

　修繕費については500万円のうち200万円部分は全額必要経費、300万円部分は60%必要経費としました。支払利息7.5万円のうち必要経費となった修繕費の借入総額のうち56%部分（280万円／500万円＝56%）を必要経費としました。

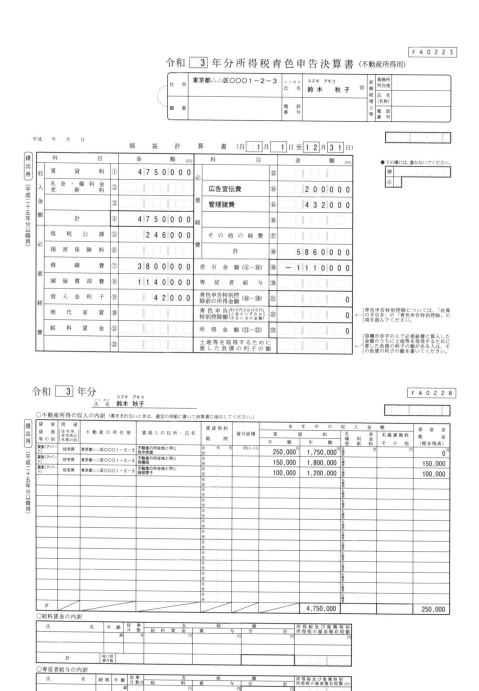

令和 3 年分所得税青色申告決算書 (不動産所得用)

FA0223

| 住 所 | 東京都△△区○○○1-2-3 | フリガナ 氏 名 | スズキ アキコ 鈴木 秋子 ㊞ | 依頼税理士等 | 事務所所在地 氏 名 (名称) | |
| 職 業 | | 電話番号 | | | 電話番号 | |

平成　年　月　日

損 益 計 算 書 (自 1 月 1 日至 12 月 31 日)

● 下の欄には、書かないでください。

	科　目		金　額 (円)		科　目		金　額 (円)
収入金額	賃 貸 料	①	4 750 000	必		⑬	
	礼金・権利金更　新　料	②		要	広告宣伝費	⑭	200 000
		③			管理諸費	⑮	432 000
	計	④	4 750 000	経		⑯	
必	租 税 公 課	⑤	246 000		その他の経費	⑰	
	損 害 保 険 料	⑥		費	計	⑱	5 860 000
要	修 繕 費	⑦	3 800 000		差引金額(④-⑱)	⑲	- 1 110 000
	減 価 償 却 費	⑧	1 140 000		専従者給与	⑳	
経	借 入 金 利 子	⑨	42 000		青色申告特別控除前の所得金額(⑲-⑳)	㉑	0
	地 代 家 賃	⑩			青色申告 (65万円又は10万円のいずれか少ない方の金額) 特別控除額	㉒	0
費	給 料 賃 金	⑪			所得金額(㉑-㉒)	㉓	0
		⑫			土地等を取得するために要した負債の利子の額		

㊙

⊗

「青色申告特別控除については、「決算の手引き」の「青色申告特別控除」の項を読んでください。

㉓欄が赤字の人で必要経費に算入した金額のうちに土地等を取得するために要した負債の利子の額がある人は、その負債の利子の額を書いてください。

令和 3 年分

FA0228

フリガナ スズキ アキコ
氏 名 鈴木 秋子

○不動産所得の収入の内訳 (書ききれないときは、適宜の用紙に書いて決算書に添付してください。)

貸家貸地等の別	用途	不動産の所在地	賃借人の住所・氏名	賃貸契約期間	貸付面積	本年中の収入金額						保証金敷金(期末残高)
						賃 貸 料		礼金権利金更新料	名義書換料その他			
						月 額	年 額					
貸家(アパート)	住宅用	東京都△△区○○○1-2-3	不動産の所在地と同じ 田中虎雄	自 年 月 至	平方メートル	250,000	1,750,000					0
貸家(アパート)	住宅用	東京都△△区○○○1-2-3	不動産の所在地と同じ 岡崎昭	自 至		150,000	1,800,000					150,000
貸家(アパート)	住宅用	東京都△△区○○○1-2-3	不動産の所在地と同じ 服部恵子	自 至		100,000	1,200,000					100,000
				自 至								
				自 至								
				自 至								
				自 至								
				自 至								
				自 至								
				自 至								
				自 至								
				自 至								
計							4,750,000					250,000

○給料賃金の内訳

氏　名	年齢	従事月数	支　給　額			所得税及び復興特別所得税の源泉徴収税額
			給料賃金	賞　与	合　計	
	歳		円	円	円	円
計	延べ従事月数					

○専従者給与の内訳

氏　名	続柄	年齢	従事月数	支　給　額			所得税及び復興特別所得税の源泉徴収税額
				給料	賞　与	合　計	
		歳		円	円	円	円

フリガナ スズキ アキコ
氏 名 鈴木 秋子

○減価償却費の計算

	減価償却資産の名称等（繰延資産を含む）	面積又は数量	取得年月	⑦取得価額（償却保証額）	⑧償却の基礎になる金額	償却方法	耐用年数	⑨償却率又は改定償却率	⑩本年中の償却期間	⑪本年分の普通償却費（⑧×⑨×⑩）	割増（特別）償却費	⑫本年分の償却費合計（⑪＋⑫）	⑬貸付割合	⑭本年分の必要経費算入額（⑫×⑬）	⑮未償却残高（期末残高）	摘 要
（平成二十五年分以降用）	賃貸住宅		22・1	50,000,000円（ ）	円 50,000,000	定額法	27	0.038	12/12	円 1,900,000	円	円 1,900,000	% 60.00	円 1,140,000	円 27,199,999	
			・	( )					/12							
			・	( )					/12							
			・	( )					/12							
			・	( )					/12							
			・	( )					/12							
			・	( )					/12							
			・	( )					/12							
	計									1,900,000		1,900,000		1,140,000	27,199,999	

(注) 平成19年4月1日以後に取得した減価償却資産について定率法を採用する場合にのみ⑦欄のカッコ内に償却保証額を記入します。

○地代家賃の内訳　　　　　　　　　　○借入金利子の…

③ 信託から生ずる不動産所得の金額に関する明細書

　信託の受益者である個人について不動産所得がある場合は、通常の青色決算書に加えて、信託から生ずる不動産所得の金額に関する明細書を信託ごとに作成する必要があります。

　鈴木秋子の令和3年の不動産所得は、すべて信託の不動産所得ですから、青色決算書と同様の内容（ただし、損失明記）の明細書を次のように作成しました。

令和3年分　信託から生ずる不動産所得の金額に関する明細書

受益者　　　鈴木秋子
住所　　　　東京都△△区○○○１－２－３
信託に関する事項
信託の名称　　鈴木ハウス信託
信託事業内容　鈴木ハウスの賃貸事業
受託者名　　　高橋春子
受託者所在地　東京都△△区○○○１－２－３
信託期間　　　令和3年1月1日～12月31日

所得の内訳	
総収入金額	
賃料収入	4,750,000
合計	4,750,000
必要経費	
租税公課	246,000
修繕費	3,800,000
借入金利子	42,000
広告宣伝費	200,000
管理諸費	432,000
減価償却費	1,140,000
合計	5,860,000
差引所得	△1,110,000
調整後所得	0

(5) 秋子の令和4年の準確定申告

① 令和4年の確定申告の留意点

　令和4年6月30日に秋子が死亡したことから、令和4年1月1日～6月30日までの所得について令和4年10月31日までに準確定申告書を提出しなければなりません。6月30日の4か月後は10月30日ではないかと考えそうですが、税法の期間の考え方は独特で、死亡日の翌日を起算としてその4か月後の応当日を導き出し、その前日が期限となります。つまり、6月30日が秋子の相続の開始を知った日ならば翌日は7月1日で、その4か月後の応当日が11月1日なので、前日は10月31日となり、それが申告期限となります（国通法10①）。

　さらに、継続して春子が不動産賃貸業を営む場合で、新たに青色申告をしたい場合は、令和4年10月31日までに青色申告承認申請書を

提出しなければなりません。

② 不動産所得の青色申告決算書

必要経費（減価償却以外）は、下記のように算定しました。

▶ 秋子　令和4年1月1日〜令和4年6月30日までの所得計算

期間	1月1日〜 6月30日	必要経費率	（単位：円）
賃料収入	3,000,000		3,000,000
礼金収入	250,000		250,000
合計	3,250,000	0	3,250,000
租税公課	200,000	60%	120,000
支払利息	75,000	56%	42,000
管理諸費	360,000	60%	216,000
経費合計	635,000	必要経費合計	378,000

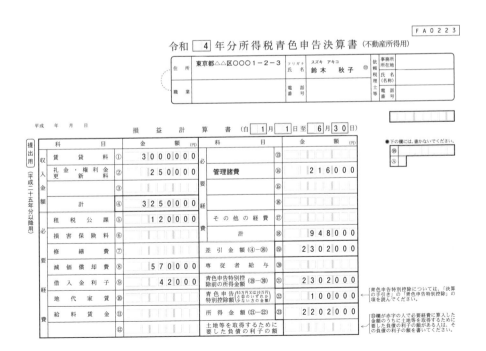

フリガナ　スズキ　アキコ
氏　名　鈴木　秋子

F A 0 2 2 8

○不動産所得の収入の内訳（書ききれないときは、適宜の用紙に書いて決算書に添付してください。）

貸家・貸地等の別	用途（住宅用、住宅用以外等の別）	不動産の所在地	賃借人の住所・氏名	賃貸契約期間	貸付面積	本年中の収入金額			名義書換料その他	保証金敷金（期末残高）
				自　年　月	平方メートル	賃　貸　料　月　額	賃　貸　料　年　額	礼金・権利金・更新料・敷金		
貸家(アパート)	住宅用	東京都△△区〇〇〇1-2-3	不動産の所在地と同じ　遠藤良雄	自　至	・　・		250,000	1,500,000	250,000	250,000
貸家(アパート)	住宅用	東京都△△区〇〇〇1-2-3	不動産の所在地と同じ　岡橋昭	自　至	・　・		150,000	900,000		150,000
貸家(アパート)	住宅用	東京都△△区〇〇〇1-2-3	不動産の所在地と同じ　服部恵子	自　至	・　・		100,000	600,000		100,000
				自　至	・　・					
				自　至	・　・					
				自　至	・　・					
				自　至	・　・					
				自　至	・　・					
				自　至	・　・					
				自　至	・　・					
				自　至	・　・					
				自　至	・　・					
				自　至	・　・					
				自　至	・　・					
				自　至	・　・					
計								3,000,000	250,000	500,000

○給料賃金の内訳

氏　名	年齢	従事月数	支　給　額　給　与　賞　与　合　計	所得税及び復興特別

フリガナ　スズキ　アキコ
氏　名　鈴木　秋子

○減価償却費の計算

減価償却資産の名称等（繰延資産を含む）	面積又は数量	取得年月	㋑取得価額（償却保証額）	㋺償却の基礎になる金額	償却方法	耐用年数	㋩償却率又は改定償却率	㋭本年中の償却期間	㋬本年分の普通償却費（㋺×㋩×㋭）	㋣割増（特別）償却費	㋠本年分の償却費合計（㋬＋㋣）	㋷貸付割合	㋦本年分の必要経費算入額（㋠×㋷）	㋨未償却残高（期末残高）	摘要
		年　月　22・1	50,000,000	50,000,000	定額法	27	0.038	6/12	950,000		950,000	60.00	570,000	26,249,999	
		・　・	(　　　　)					12							
		・　・	(　　　　)					12							
		・　・	(　　　　)					12							
		・　・	(　　　　)					12							
		・　・	(　　　　)					12							
		・　・	(　　　　)					12							
		・　・	(　　　　)					12							
		・　・	(　　　　)					12							
		・　・	(　　　　)					12							
計									950,000		950,000		570,000	26,249,999	

(注) 平成19年4月1日以後に取得した減価償却資産について定率法を採用する場合にのみ㋑欄のカッコ内に償却保証額を記入します。

○地代家賃の内訳　　　　　　　　　　　　○借入金利子の内訳

③　信託から生ずる不動産所得の金額に関する明細書

　信託の受益者である個人について不動産所得がある場合は、通常の青色決算書に加えて、信託から生ずる不動産所得の金額に関する明細書を信託ごとに作成する必要があります。

　鈴木秋子の令和4年の不動産所得は、すべて信託の不動産所得ですから、青色決算書と同様の内容の明細書を次のように作成しました。

令和4年分　信託から生ずる不動産所得の金額に関する明細書

受益者　　　鈴木秋子
住所　　　　東京都△△区○○○1－2－3
信託に関する事項
信託の名称　　　鈴木ハウス信託
信託事業内容　　鈴木ハウスの賃貸事業
受託者名　　　　高橋春子
受託者所在地　　東京都△△区○○○1－2－3
信託期間　　　　令和4年1月1日～6月30日

所得の内訳
総収入金額
賃料収入　　　　　3,000,000
礼金　　　　　　　　250,000
合計　　　　　　　3,250,000

必要経費
租税公課　　　　　　120,000
借入金利子　　　　　 42,000
管理諸費　　　　　　216,000
減価償却費　　　　　570,000
合計　　　　　　　　948,000

差引所得　　　　　2,302,000

4　太郎と秋子の相続税申告

(1)　太郎の相続税申告

①　相続税申告の留意点

　令和 2 年 7 月 29 日に太郎が死亡したことから、相続により残した財産の価額（小規模宅地の減額前）の合計額が基礎控除額を超える場合は、相続税の申告をしなければなりません。この場合は太郎が残した資産や負債の棚卸をすることになります。

　ここでは、鈴木ハウス信託にかかる資産、負債を中心に説明します。信託された資産や、負債も、太郎の生前は太郎が受益者であったことから相続財産に含まれます。相続財産としてどのように評価するかというと、受益権という債権として評価するのではなく、信託財産か何かに基づいて評価することになります（相法 9 の 2 ⑥）。

　鈴木信託の信託財産は、預金、建物、土地を評価することになります。

　太郎が死亡した令和 2 年 7 月 29 日時点の預金残高は、335 万円でした。

　建物は固定資産税評価額は、信託受入時と変わらず、2,000 万円であり、太郎、秋子、春子の家族が住む部分が床面積で 40％、貸家部分が 60％、借家権割合 30％であることから次のように評価しました。

```
自用家屋　20,000,000円×1.0×40％＝8,000,000円
貸家屋　20,000,000円×1.0×60％×（1－30％）＝8,400,000円
```

　土地部分については、評価時点では路線価 30 万円でしたが、令和 2 年の路線価が 33 万円であり、自用地部分と貸家建付地部分（借地権割合 60％）であることから、次のように評価しました。

```
自用地　150㎡×40％＝60㎡
　　　　330,000円×1.0×60㎡＝19,800,000円
貸家建付地　150㎡×60％＝90㎡
　　　　　　330,000円×1.0×90㎡×（1－60％×30％）＝24,354,000円
```

　相続税申告書の相続税がかかる財産の明細書（信託に係る部分）は
次のようになります（宅地については、小規模宅地の減額控除後とな
ります）。受益者が秋子であることから、すべて秋子が取得したもの
となります。

　信託財産について、このケースでは信託財産であることを明らかに
するために、種類にその他の財産、細目に宅地（信託）家屋（信託）、
現預金（信託）と記載しました。信託受益権の評価明細書は次のよう
に記載しました。

相続税がかかる財産の明細書

（ 相続時精算課税適用財産を除きます。）

被相続人 **鈴木 太郎**

この表は、相続や遺贈によって取得した財産及び相続や遺贈によって取得したものとみなされる財産のうち、相続税のかかるものについての明細を記入します。

遺産の分割状況	区　　　　分	① 全 部 分 割	2 一 部 分 割	3 全 部 未 分 割
	分 割 の 日	・省略・	・　・	・　・

財　　産　　の　　明　　細						分割が確定した財産	
種　類	細　目	利用区分、銘 柄 等	所在場所等	数　量 / 固定資産税評価額	単　価 / 倍　数	価　額	取得した人の氏　名 / 取得財産の価　額
その他の財産	宅地（信託）	自用地	△△区○○○ 1－2－3	60 / 円	330,000 円	3,960,000	鈴木秋子 / 3,960,000 円
			(11・11の2表の付表1のとおり)				
その他の財産	宅地（信託）	貸家建付他	△△区○○○ 1－2－3	90	330,000	12,177,000	鈴木秋子 / 12,177,000
その他の財産	家屋（信託）	自用家屋	△△区○○○ 1－2－3			8,000,000	鈴木秋子 / 8,000,000
その他の財産	家屋（信託）	貸家	△△区○○○ 1－2－3			8,400,000	鈴木秋子 / 8,400,000
その他の財産	現預金（信託）	○○銀行 △支店	普通預金 123456			3,350,000	鈴木秋子 / 3,350,000
その他の財産	信託受益権					計 35,887,000	計 35,887,000

合計表	財産を取得した人の氏名	（各人の合計）					
	分割財産の価額 ①	円	円	円	円	円	円
	未分割財産の価額 ②						
	各人の取得財産の価額（①＋②）③						

(注) 1 「合計表」の各人の③欄の金額を第1表のその人の「取得財産の価額①」欄に転記します。
　　 2 「財産の明細」の「価額」欄は、財産の細目、種類ごとに小計及び計を付し、最後に合計を付して、それらの金額を第15表の①から㉘までの該当欄に転記します。

○相続時精算課税適用財産の明細については、この表によらず第11の2表に記載します。

100

信 託 受 益 権 の 評 価 明 細 書		被相続人 氏　　名	鈴木　太郎
信託財産の所在・種類・数量	土地　建物　金銭		
委 託 者 の 住 所 氏 名	△△区○○○１−２−３　鈴木太郎		
受 託 者 の 住 所 氏 名	△△区○○○１−２−３　高橋春子		
受託契約締結の年月日	令和２年４月１日	受益の時期	元　本　随時 収　益
受 益 者 の 住 所 氏 名	△△区○○○１−２−３　鈴木秋子		

受 益 財 産 の 区 分	元　本	（全部・一部）　（金銭・金銭以外）
	収　益	（全部・一部）　（金銭・金銭以外）

1　元本と収益との受益者が同一人である場合又は元本と収益との受益者が元本及び収益の一部を受ける場合

信 託 財 産 の 種 類	① 信託財産の相続税評価額	② 受益者の受益割合	評 価 額 （①×②）
土地　建物　金銭	35,887,000 円 △ 1,230,000 34,657,000	100 %	35,887,000 円 △ 1,230,000 34,657,000

　信託財産に係る負債としては、借家人からの預かった敷金50万円を債務控除として記載します。また、鈴木太郎の準確定申告に係る所得税や令和２年分の住民税、令和２年分の固定資産税のうち相続開始時に未払の部分33万円（２期、３期、４期）も債務控除の対象となります。更に、葬儀費用として信託財産から相続後に支払った葬儀代100万円も債務控除の対象となるため、債務及び葬式費用の明細書（信託に関わる部分）は信託に関わる債務であることがわかるように次のように記載しました。なお、信託資産＜信託負債となった場合も全額債務控除ができるかという議論があります。信託財産に属する負債は承継したものとみなされますが（相法９の２②、⑥）、債務超過の場合の債務控除については慎重に検討すべきと考えます。

債務及び葬式費用の明細書

被相続人	鈴木　太郎

1　債務の明細　（この表は、被相続人の債務について、その明細と負担する人の氏名及び金額を記入します。）

債　務　の　明　細					負担することが確定した債務	
種　類	細　目	債　権　者 氏名又は名称	住所又は所在地	発生年月日 弁済期限	金　額	負担する人 の　氏　名	負担する 金　額
預り金	敷金	田中虎雄	△△区○○○1-2-3	・・ ・・	250,000円	鈴木 秋子	250,000円
同上	同上	岡橋昭	同上	・・ ・・	150,000	同上	150,000
同上	同上	服部恵子	同上	・・ ・・	100,000	同上	100,000
未払金	所得税	信託債務　計1,230,000		・・ ・・	100,000	同上	100,000
同上	住民税	東京都		・・ ・・	300,000	同上	300,000
同上	固定資産税	東京都		・・ ・・	330,000	同上	330,000
合　　　計							

2　葬式費用の明細　（この表は、被相続人の葬式に要した費用について、その明細と負担する人の氏名及び金額を記入します。）

葬　式　費　用　の　明　細				負担することが確定した葬式費用	
支　払　先 氏名又は名称	住所又は所在地	支払年月日	金　額	負担する人 の　氏　名	負担する 金　額
○○葬儀社	△△区○○○5-6-7	R2・8・10	1,000,000円	鈴木 秋子	1,000,000円
		・・			
		・・			
		・・			
		・・			
合　　　計					

3　債務及び葬式費用の合計額

債務などを承継した人の氏名			（各人の合計）				
債務	負担することが確定 した　債　務	①	円	円	円	円	円
	負担することが確定 していない債務	②					
	計（①+②）	③					
葬式費用	負担することが確定 した葬式費用	④					
	負担することが確定 していない葬式費用	⑤					
	計（④+⑤）	⑥					
合　　　計（③+⑥）		⑦					

（注）1　各人の⑦欄の金額を第1表のその人の「債務及び葬式費用の金額③」欄に転記します。
　　　2　③、⑥及び⑦欄の金額を第15表の㉟、㊱及び㊲欄にそれぞれ転記します。

102

②　小規模宅地の減額

　信託した財産であったとしても、通常の小規模宅地の減額の要件が満たされている場合は、小規模宅地の減額の適用を受けることができます（措通69の4-2）。

　本件の場合、150㎡の土地のうち、60㎡は自宅部分、90㎡は貸家部分です。

　60㎡部分は鈴木太郎と秋子の居住部分と高橋春子の居住部分の両方を含めています。この建物は「建物の区分所有等に関する法律第1条の規定に該当する建物」に該当されていないからです。この部分については秋子が取得していることから、特定居住用宅地等として80％減額できます。

　90㎡部分ですが、信託開始が令和2年4月1日で、太郎の相続は令和2年7月29日です。相続開始から3年以内に受託者春子に所有権は移転し、賃貸契約は春子に引き継がれていますが、信託の受益者が太郎であるということは、税制上は、信託の前後で、所有者が変更されず、継続して太郎が賃貸を行っているとみなされます。太郎の相続開始は令和2年7月29日であり、平成30年3月31日以前から鈴木ハウスの一部は貸付事業の用に供されていたことから、小規模宅地の減額の改正の経過措置により事業規模にかかわらず貸付事業用宅地として小規模宅地の減額（50％）をすることができます（平成30年附則118④）。

　居住用宅地と貸付事業用宅地が併存していますが、いずれも小規模宅地の減額を適用しても限度面積以下なので、両方の宅地について全部小規模宅地の減額を行うこととし、小規模宅地等についての課税価格の明細書及び小規模宅地等についての課税価格の明細書（別表）は次のようになりました。

小規模宅地等についての課税価格の計算明細書

F D 3 5 4 7

被相続人	鈴木　太郎

この表は、小規模宅地等の特例（租税特別措置法第69条の4第1項）の適用を受ける場合に記入します。
なお、被相続人から、相続、遺贈又は相続時精算課税に係る贈与により取得した財産のうちに、「特定計画山林の特例」の対象となり得る財産又は「個人の事業用資産についての相続税の納税猶予及び免除」の対象となり得る宅地等がある場合には、第11・11の2表の付表2を、「特定事業用資産の特例」の対象となり得る財産がある場合には、第11・11の2表の付表2の2を作成します（第11・11の2表の付表2又は付表2の2を作成する場合には、この表の「1 特例の適用にあたっての同意」欄の記入を要しません。）。
（注）この表の1又は2の各欄に記入しきれない場合には、第11・11の2表の付表1（続）を使用します。

1 特例の適用にあたっての同意

この欄は、小規模宅地等の特例の対象となり得る宅地等を取得した全ての人が次の内容に同意する場合に、その宅地等を取得した全ての人の氏名を記入します。
私（私たち）は、「2 小規模宅地等の明細」の①欄の取得者が、小規模宅地等の特例の対象となり得るものとして選択した宅地等又はその一部（「2 小規模宅地等の明細」の⑤欄で選択した宅地等）の全てが限度面積要件を満たすものであることを確認の上、その取得者が小規模宅地等の特例の適用を受けることに同意します。

氏名	鈴木　秋子

（注）　小規模宅地等の特例の対象となり得る宅地等を取得した全ての人の同意がなければ、この特例の適用を受けることはできません。

2 小規模宅地等の明細

この欄は、小規模宅地等の特例の対象となり得る宅地等を取得した人のうち、その特例の適用を受ける人が選択した小規模宅地等の明細等を記載し、相続税の課税価格に算入する価額を計算します。

「小規模宅地等の種類」欄は、選択した小規模宅地等の種類に応じて次の1～4の番号を記入します。

小規模宅地等の種類：1 特定居住用宅地等、2 特定事業用宅地等、3 特定同族会社事業用宅地等、4 貸付事業用宅地等

選択した小規模宅地等	小規模宅地等の種類（1～4の番号を記入します。）	① 特例の適用を受ける取得者の氏名　事業内容		③ のうち小規模宅地等（限度面積要件）を満たす宅地等）の面積	
		② 所在地番		④ のうち小規模宅地等（④×⑤/100）の価額	
		③ 取得者の持分に応ずる宅地等の面積		⑥ 課税価格の計算に当たって減額される金額（⑥×⑨）	
		④ 取得者の持分に応ずる宅地等の価額		⑦ 課税価格に算入する価額（④－⑦）	
	1	鈴木　秋子	自宅	6 0	㎡
		△△区○○○1丁目2番地3		1 9 8 0 0 0 0 0	円
		6 0	㎡	1 5 8 4 0 0 0 0	円
		1 9 8 0 0 0 0 0	円	3 9 6 0 0 0 0	円
	4	鈴木　秋子	貸アパート	9 0	㎡
		△△区○○○1丁目2番地3		2 4 3 5 4 0 0 0	円
		9 0	㎡	1 2 1 7 7 0 0 0	円
		2 4 3 5 4 0 0 0	円	1 2 1 7 7 0 0 0	円
					㎡
					円
			㎡		円
			円		円

（注）1 ①欄の「　」は、選択した小規模宅地等が被相続人等の事業用宅地等（2、3又は4）である場合に、相続開始の直前にその宅地等の上で行われていた被相続人等の事業について、例えば、飲食サービス業、法律事務所、貸家などのように具体的に記入します。
2 小規模宅地等を選択する一の宅地等が共有である場合又は一の宅地等が貸家建付地である場合において、その評価額の計算上「賃貸割合」が1でないときには、第11・11の2表の付表1（別表1）を作成します。
3 ⑧欄の金額を第11表の「財産の明細」の「価額」欄に転記します。

○「限度面積要件」の判定

上記「2 小規模宅地等の明細」の⑤欄で選択した宅地等の全てが限度面積要件を満たすものであることを、この表の各欄を記入することにより判定します。

小規模宅地等の区分		被相続人等の居住用宅地等	被相続人等の事業用宅地等		
小規模宅地等の種類		1 特定居住用宅地等	2 特定事業用宅地等	3 特定同族会社事業用宅地等	4 貸付事業用宅地等
⑨ 減額割合		80/100	80/100	80/100	50/100
限度面積	⑤の小規模宅地等の面積の合計	6 0 ㎡	㎡	㎡	9 0 ㎡
	小規模宅地等のうち4貸付事業用宅地等がない場合	[1]の面積 ≦330㎡	[2]の及び[3]の面積の合計 ㎡ ≦ 400㎡		
	小規模宅地等のうち4貸付事業用宅地等がある場合	[1]の面積 6 0 ㎡×200/330 +	[2]の及び[3]の面積の合計 ㎡×200/400 +		[4]の面積 9 0 ㎡ ≦ 200㎡

（注）　限度面積は、小規模宅地等の種類（「4 貸付事業用宅地等」の選択の有無）に応じて、⑪欄（イ又はロ）により判定を行います。「限度面積要件」を満たす場合に限り、この特例の適用を受けることができます。

※ 税務署整理欄	年分		名簿番号		申告年月日		一連番号		グループ番号		補完

小規模宅地等についての課税価格の計算明細書（別表）

被相続人	鈴木　太郎

この計算明細は、特例の対象として小規模宅地等を選択する一の宅地等（注）が、次のいずれかに該当する場合にこの宅地等ごとに作成します。
1　相続又は遺贈により一の宅地等を2人以上の相続人又は受遺者が取得している場合
2　一の宅地等の全部又は一部が、貸家建付地である場合において、貸家建付地の評価額の計算上「賃貸割合」が「1」でない場合
（注）　一の宅地等とは、一棟の建物又は構築物の敷地をいいます。ただし、マンションなどの区分所有建物の場合には、区分所有された建物の部分に係る敷地をいいます。

1　一の宅地等の所在地、面積及び評価額

一の宅地等について、宅地等の「所在地」、「面積」及び相続開始の直前における宅地等の利用区分に応じて「面積」及び「評価額」を記入します。
(1)　「宅地等の面積」欄は、一の宅地等が持分である場合には、持分に応ずる面積を記入してください。
(2)　上記2に該当する場合には、⑪欄については、⑤欄の面積を基に自用地として評価した金額を記入してください。

宅地等の所在地	△△区○○○1丁目2番地3		①宅地等の面積			150 ㎡
	相続開始の直前における宅地等の利用区分		面積（㎡）		評価額（円）	
A	①のうち被相続人等の事業の用に供されていた宅地等（B、C及びDに該当するものを除きます。）	②		⑧		
B	①のうち特定同族会社の事業（貸付事業を除きます。）の用に供されていた宅地等	③		⑨		
C	①のうち被相続人等の貸付事業の用に供されていた宅地等（相続開始の時において継続的に貸付事業の用に供されていると認められる部分の敷地）	④	90	⑩	24,354,000	
D	①のうち被相続人等の貸付事業の用に供されていた宅地等（Cに該当する部分以外の部分の敷地）	⑤		⑪		
E	①のうち被相続人等の居住の用に供されていた宅地等	⑥	60	⑫	19,800,000	
F	①のうちAからEの宅地等に該当しない宅地等	⑦		⑬		

2　一の宅地等の取得者ごとの面積及び評価額

上記のAからFまでの宅地等の「面積」及び「評価額」を、宅地等の取得者ごとに記入します。
(1)　「持分割合」欄は、宅地等の取得者が相続又は遺贈により取得した持分割合を記入します。一の宅地等を1人で取得した場合には、「1/1」と記入します。
(2)　「1 持分に応じた宅地等」は、上記のAからFまでに記入した一の宅地等の「面積」及び「評価額」を「持分割合」を用いてあん分して計算した「面積」及び「評価額」を記入します。
(3)　「2 左記の宅地等のうち選択特例対象宅地等」は、「1 持分に応じた宅地等」に記入した「面積」及び「評価額」のうち、特例の対象として選択する部分を記入します。なおBの宅地等については、上段に「特定同族会社事業用宅地等」として選択する部分の、下段に「貸付事業用宅地等」として選択する部分の「面積」及び「評価額」をそれぞれ記入します。
「2 左記の宅地等のうち選択特例対象宅地等」に記入した面積及び「評価額」は、「申告書第11・11の2表の付表1」の「2小規模宅地等の明細」の「③取得者の持分に応ずる宅地等の面積」欄及び「④取得者の持分に応ずる宅地等の価額」欄に転記します。
(4)　「3 特例の対象とならない宅地等（1－2）」には、「1 持分に応じた宅地等」及び「2 左記の宅地等のうち選択特例対象宅地等」欄に記入した以外の宅地等について記入します。ここに記入した「面積」及び「評価額」は、申告書第11表に転記します。

宅地等の取得者氏名	鈴木　秋子		⑭持分割合	1／1			
	1　持分に応じた宅地等		2　左記の宅地等のうち選択特例対象宅地等		3　特例の対象とならない宅地等（1－2）		
	面積（㎡）	評価額（円）	面積（㎡）	評価額（円）	面積（㎡）	評価額（円）	
A	②×⑭	⑧×⑭					
B	③×⑭	⑨×⑭					
C	④×⑭ 90	⑩×⑭ 24,354,000	90	24,354,000	0	0	
D	⑤×⑭	⑪×⑭					
E	⑥×⑭ 60	⑫×⑭ 19,800,000	60	19,800,000	0	0	
F	⑦×⑭	⑬×⑭					

宅地等の取得者氏名			⑮持分割合	／			
	1　持分に応じた宅地等		2　左記の宅地等のうち選択特例対象宅地等		3　特例の対象とならない宅地等（1－2）		
	面積（㎡）	評価額（円）	面積（㎡）	評価額（円）	面積（㎡）	評価額（円）	
A	②×⑮	⑧×⑮					
B	③×⑮	⑨×⑮					
C	④×⑮	⑩×⑮					
D	⑤×⑮	⑪×⑮					
E	⑥×⑮	⑫×⑮					
F	⑦×⑮	⑬×⑮					

⑵ 秋子の相続税申告

① 相続税申告の留意点

　令和 4 年 6 月 30 日に、突然、秋子が亡くなったことにより、再び鈴木家の相続税の申告が必要となります。鈴木ハウス信託の信託財産は、預金、建物、土地を評価することになります。

　令和 4 年 6 月 30 日の預金残高は、336.5 万円でした。建物は、固定資産税評価額は1,800万円であり、太郎、秋子、春子の家族が住む部分が床面積で40％、貸家部分が60％、借家権割合30％であることから、次のように評価しました。

```
自用家屋　18,000,000円×1.0×40％＝7,200,000円
貸家屋　18,000,000円×1.0×60％×（1－30％）＝7,560,000円
```

　土地部分については令和 4 年の路線価が32万円であり、自用地部分と貸家建付地部分（借地権割合60％）であることから、次のように評価しました。

```
自用地　150㎡×40％＝60㎡
　　　　320,000円×1.0×60㎡＝19,200,000円
貸家建付地　150㎡×60％＝90㎡
　　　　320,000円×1.0×90㎡×（1－60％×30％）＝23,616,000円
```

　相続税申告書の相続税がかかる財産の明細書（信託に係る部分）は、次のようになります（宅地については、小規模宅地の減額控除後となります）。秋子の死亡により信託は終了し、帰属権利者の高橋春子は、信託受益権ではなく土地、家屋、現預金を取得しますので信託受益権ではなく、通常の財産の取得として記載しました。

相続税がかかる財産の明細書

（相続時精算課税適用財産を除きます。）

被相続人	鈴木　秋子

○相続時精算課税適用財産の明細については、この表によらず第11の2表に記載します。

この表は、相続や遺贈によって取得した財産及び相続や遺贈によって取得したものとみなされる財産のうち、相続税のかかるものについての明細を記入します。

遺産の分割状況	区　　分	① 全 部 分 割	2 一 部 分 割	3 全 部 未 分 割
	分 割 の 日	・省略・	・　・	・　・

財　産　の　明　細							分割が確定した財産	
種類	細目	利用区分、銘柄等	所在場所等	数量（固定資産税評価額） 単価 倍数		価　額	取得した人の氏名	取得財産の価額
土地	宅地	自用地	△△区〇〇〇 1－2－3	60	320,000円 円	3,840,000円	高橋春子	3,840,000円
			（11・11の2表の付表1のとおり）					
土地	宅地	貸家建付他	△△区〇〇〇 1－2－3	90	320,000	11,808,000	高橋春子	11,808,000
家屋	家屋	自用家屋	△△区〇〇〇 1－2－3			7,200,000	高橋春子	7,200,000
家屋	家屋	貸家	△△区〇〇〇 1－2－3			7,560,000	高橋春子	7,560,000
その他の財産	現預金	〇〇銀行 △支店	普通預金 123456			3,365,000	高橋春子	3,365,000

合計表	財産を取得した人の氏名	（各人の合計）					
	分割財産の価額 ①	円	円	円	円	円	円
	未分割財産の価額 ②						
	各人の取得財産の価額（①＋②）③						

（注）　1　「合計表」の各人の③欄の金額を第1表のその人の「取得財産の価額①」欄に転記します。
　　　　2　「財産の明細」の「価額」欄は、財産の細目、種類ごとに小計及び計を付し、最後に合計を付して、それらの金額を第15表の①から㉘までの該当欄に転記します。

債務及び葬式費用ですが、信託に関わる部分を切り出すと、信託借入の500万円、敷金の50万円です。春子が引き続いて賃貸業を営むことから、預り敷金は春子の負担か確定した債務として債務控除できると考えます。借入金も受託者であった春子が信託のために借り入れたものであり、信託終了後も春子が負担して、返済していくものだから春子の引き継いだ債務として債務控除できるものと考えます。

　信託内借入については、受益者の死亡による信託終了時において、債務控除ができるかという議論がありますが、契約の内容がどうなっているか、実際にお金が信託のために使われたか、信託終了後に誰が負担を引き継いだかをみて、個別に判断すべきと考えます。さらに、信託期間中において信託資産＜信託負債となった場合も全額債務控除ができるかという議論がありますが、信託終了時も同様の議論があり、債務超過の場合の債務控除については慎重に検討すべきと考えます。

　これに加えて、信託不動産に係る未納固定資産税30万円（2期、3期、4期）も債務控除します。

債務及び葬式費用の明細書

被相続人	鈴木　秋子

1　債務の明細
（この表は、被相続人の債務について、その明細と負担する人の氏名及び金額を記入します。）

種類	細目	債権者 氏名又は名称	住所又は所在地	発生年月日 弁済期限	金額	負担することが確定した債務 負担する人の氏名	負担する金額
預り金	敷金	渡邊辰雄	△△区○○○1-2-3	・　・	250,000円	高橋 春子	250,000円
同上	同上	岡橋昭	同上	・　・	150,000	同上	150,000
同上	同上	服部恵子	同上	・　・	100,000	同上	100,000
借入金	銀行借入	○○銀行△支店	△△区▲▲7-8-9	・　・	5,000,000	同上	5,000,000
未払金	固定資産税	東京都		・　・	300,000	同上	300,000
				・　・			
				・　・			
合　　計							

2　葬式費用の明細
（この表は、被相続人の葬式に要した費用について、その明細と負担する人の氏名及び金額を記入します。）

葬式費用の明細 支払先 氏名又は名称	住所又は所在地	支払年月日	金額	負担することが確定した葬式費用 負担する人の氏名	負担する金額
		・　・	円		円
		・　・			
		・　・			
		・　・			
		・　・			
		・　・			
合　　計					

3　債務及び葬式費用の合計額

債務などを承継した人の氏名	（各人の合計）				
債務	負担することが確定した債務 ①	円	円	円	円	円
	負担することが確定していない債務 ②					
	計（①+②） ③					
葬式費用	負担することが確定した葬式費用 ④					
	負担することが確定していない葬式費用 ⑤					
	計（④+⑤） ⑥					
合　計（③+⑥） ⑦						

(注) 1　各人の⑦欄の金額を第1表のその人の「債務及び葬式費用の金額③」欄に転記します。
　　 2　③、⑥及び⑦欄の金額を第15表の㉟、㊱及び㊲欄にそれぞれ転記します。

② 小規模宅地の減額

　小規模宅地の減額の対象として、太郎の相続の時と同様に、150㎡の鈴木ハウス信託の敷地のうち居住部分60㎡と賃貸部分90㎡が適用できるか検討します。

　まず、居住部分の60㎡については、秋子が住んでいる部屋の部分と春子夫妻が住んでいる部屋の部分の両方の部屋に対応する敷地部分です。鈴木ハウスの建物は「建物の区分所有等に関する法律第1条の規定に該当する建物」に該当しないため、建物内の秋子の居住部分と春子の居住部分を合わせて春子が申告期限までに取得し、居住している場合は、特定居住用宅地等として80％までの減額が可能となります。

　賃貸部分ですが、秋子は令和2年7月29日の太郎の死亡により賃貸事業を受益者として引継ぎ、令和4年6月30日まで受益者として不動産賃貸業から生ずる利益を受け続けました。つまり秋子が不動産賃貸業を営んでいた期間は3年未満です。現行税制によると相続開始前3年以内に新たに貸付事業の用に供されていた宅地は、原則的には、小規模宅地の減額の対象にはなりません。しかし、一次相続（鈴木太郎）から3年以内に発生した二次相続（鈴木秋子）により取得した宅地について、一次相続の段階において貸付事業用宅地等として50％の減額を受け、引き続き貸付を行い、かつ秋子の相続以降、引き継いだ春子が申告期限までその土地を所有し、かつ賃貸業を引き継いで営んでいる場合は、春子も50％減額が可能となります（措令40の2⑨、⑳）。

　次に問題となるのが、令和4年から貸借人となった渡邉辰雄の部屋に対応する貸家建付地部分について相続開始前3年以内の契約ですから小規模宅地の減額の対象から外れるのではないかという点です。前貸借人田中虎雄との契約が令和3年7月で終了していますが、

新契約までの期間、部屋の改築等を行い、貸借人の募集もしていることから貸付の実態は継続しているものと考えて小規模宅地の減額は可能であると考えました。

　居住用宅地と貸付事業用宅地が併存していますが、いずれも小規模宅地の減額を適用しても限度面積以下なので、両方の宅地について全部小規模宅地の減額を行うこととし、小規模宅地等についての課税価格の明細書及び小規模宅地等についての課税価格の明細書（別表）を次のように作成しました。

小規模宅地等についての課税価格の計算明細書

FD3547

被相続人	鈴木　秋子

この表は、小規模宅地等の特例（租税特別措置法第69条の4第1項）の適用を受ける場合に記入します。
なお、被相続人から、相続、遺贈又は相続時精算課税に係る贈与により取得した財産のうちに、「特定計画山林の特例」の対象となり得る財産又は「個人の事業用資産についての相続税の納税猶予及び免除」の対象となり得る宅地等がある場合には、第11・11の2表の付表2を、「特定事業用資産の特例」の対象となり得る財産がある場合には、第11・11の2表の付表2の2を作成します（第11・11の2表の付表2又は付表2の2を作成する場合には、この表の「1　特例の適用にあたっての同意」欄の記入を要しません。）。
（注）　この表の1又は2の各欄に記入しきれない場合には、第11・11の2表の付表1（続）を使用します。

1　特例の適用にあたっての同意

この欄は、小規模宅地等の特例の対象となり得る宅地等を取得した全ての人が次の内容に同意する場合に、その宅地等を取得した全ての人の氏名を記入します。

私（私たち）は、「2　小規模宅地等の明細」の①欄の取得者が、小規模宅地等の特例の適用を受けるものとして選択した宅地等又はその一部（「2　小規模宅地等の明細」の⑤欄で選択した宅地等）の全てが限度面積要件を満たすものであることを確認の上、その取得者が小規模宅地等の特例の適用を受けることに同意します。

氏名	高橋　春子

（注）　小規模宅地等の特例の対象となり得る宅地等を取得した全ての人の同意がなければ、この特例の適用を受けることはできません。

2　小規模宅地等の明細

この欄は、小規模宅地等の特例の対象となり得る宅地等を取得した人のうち、その特例の適用を受ける人が選択した小規模宅地等の明細を記載し、相続税の課税価格に算入する価額を計算します。
「小規模宅地等の種類」欄は、選択した小規模宅地等の種類に応じて次の1～4の番号を記入します。
小規模宅地等の種類：　1　特定居住用宅地等、　2　特定事業用宅地等、　3　特定同族会社事業用宅地等、　4　貸付事業用宅地等

選択した小規模宅地等	小規模宅地等の種類（1～4の番号を記入します）	①　特例の適用を受ける取得者の氏名　　事業内容	③　⑤のうち小規模宅地等（限度面積要件）を満たす面積）の面積	
		②　所在地番	④　⑥のうち小規模宅地等（④×⑨／⑩）の価額	
		③　取得者の持分に応ずる宅地等の面積	⑦　課税価格の計算に当たって減額される金額（⑥×⑨）	
		④　取得者の持分に応ずる宅地等の価額	⑧　課税価格に算入する価額（④－⑦）	
	1	高橋　春子　　　　　　自宅	6 0	㎡
		△△区○○○1丁目2番地3	1 9 2 0 0 0 0 0	円
		6 0　㎡	1 5 3 6 0 0 0 0	円
		1 9 2 0 0 0 0 0　円	3 8 4 0 0 0 0	円
	4	高橋　春子　　　　　貸アパート	9 0	㎡
		△△区○○○1丁目2番地3	2 3 6 1 6 0 0 0	円
		9 0　㎡	1 1 8 0 8 0 0 0	円
		2 3 6 1 6 0 0 0　円	1 1 8 0 8 0 0 0	円
				㎡
				円
		㎡		円
		円		円

（注）1　⑤欄の「　」は、選択した小規模宅地等が被相続人等の事業用宅地等（②、③又は④）である場合に、相続開始の直前にその宅地等の上で行われていた被相続人等の事業について、例えば、飲食サービス業、法律事務所、貸家などのように具体的に記入します。
　　　2　小規模宅地等を選択する一の宅地等が共有である場合又は一の宅地等が貸家建付地である場合において、その評価額の計算上「賃貸割合」が1でないときには、第11・11の2表の付表1（別表1）を作成します。
　　　3　⑧欄の金額を第11表の「財産の明細」の「価額」欄に転記します。

○　「限度面積要件」の判定

上記「2　小規模宅地等の明細」の⑤欄で選択した宅地等の全てが限度面積要件を満たすものであることを、この表の各欄を記入することにより判定します。

小規模宅地等の区分	被相続人等の居住用宅地等	被相続人等の事業用宅地等		
小規模宅地等の種類	1　特定居住用宅地等	2　特定事業用宅地等	3　特定同族会社事業用宅地等	4　貸付事業用宅地等
⑨　減額割合	80／100	80／100	80／100	50／100
⑩　⑤の小規模宅地等の面積の合計	6 0　㎡	㎡	㎡	9 0　㎡
限度面積 小規模宅地等のうちに4貸付事業用宅地等がない場合	1の⑩の面積　≦330㎡	2の⑩及び3の⑩の面積の合計　㎡ ≦400㎡		
限度面積 小規模宅地等のうちに4貸付事業用宅地等がある場合	1の⑩の面積　6 0　㎡×200／330　＋	2の⑩及び3の⑩の面積の合計　㎡×200／400　＋		4の⑩の面積　9 0　㎡ ≦200㎡

（注）　限度面積は、小規模宅地等の種類（「4　貸付事業用宅地等」の選択の有無）に応じて、⑪欄（イ又はロ）により判定を行います。「限度面積要件」を満たす場合に限り、この特例の適用を受けることができます。

※　税務署整理欄	年分		名簿番号		申告年月日		一連番号		グループ番号		補完	

※の項目は記入する必要がありません。

小規模宅地等についての課税価格の計算明細書（別表）

被相続人	鈴木　秋子

この計算明細は、特例の対象として小規模宅地等を選択する一の宅地等（注）が、次のいずれかに該当する場合に一の宅地等ごとに作成します。
1　相続又は遺贈により一の宅地等を2人以上の相続人又は受遺者が取得している場合
2　一の宅地等の全部又は一部が、貸家建付地である場合において、貸家建付地の評価額の計算上「賃貸割合」が「1」でない場合
（注）　一の宅地等とは、一棟の建物又は構築物の敷地をいいます。ただし、マンションなどの区分所有建物の場合には、区分所有された建物の部分に係る敷地をいいます。

1　一の宅地等の所在地、面積及び評価額

一の宅地等について、宅地等の「所在地」、「面積」及び相続開始の直前における宅地等の利用区分に応じて「面積」及び「評価額」を記入します。
(1)　「①宅地等の面積」欄は、一の宅地等が持分である場合には、持分に応じた面積を記入してください。
(2)　上記2に該当する場合には、⑪欄については、⑤欄の面積を基に自用地として評価した金額を記入してください。

宅地等の所在地	△△区○○○1丁目2番地3	①宅地等の面積		150 ㎡
	相続開始の直前における宅地等の利用区分	面積（㎡）		評価額（円）
A	①のうち被相続人等の事業の用に供されていた宅地等 （B、C及びDに該当するものを除きます。）	②	⑧	
B	①のうち特定同族会社の事業（貸付事業を除きます。）の用に供されていた宅地等	③	⑨	
C	①のうち被相続人等の貸付事業の用に供されていた宅地等 （相続開始の時において継続的に貸付事業の用に供されていると認められる部分の敷地）	④ 90	⑩	23,616,000
D	①のうち被相続人等の貸付事業の用に供されていた宅地等 （Cに該当する部分以外の部分の敷地）	⑤	⑪	
E	①のうち被相続人等の居住の用に供されていた宅地等	⑥ 60	⑫	19,200,000
F	①のうちAからEの宅地等に該当しない宅地等	⑦	⑬	

2　一の宅地等の取得者ごとの面積及び評価額

上記のAからFまでの宅地等の「面積」及び「評価額」を、宅地等の取得者ごとに記入します。
(1)　「持分割合」欄は、宅地等の取得者が相続又は遺贈により取得した持分割合を記入します。一の宅地等を1人で取得した場合には、「1/1」と記入します。
(2)　「1　持分に応じた宅地等」は、上記のAからFまでに記入した一の宅地等の「面積」及び「評価額」を「持分割合」を用いてあん分して計算した「面積」及び「評価額」を記入します。
(3)　「2　左記の宅地等のうち選択特例対象宅地等」は、「1　持分に応じた宅地等」に記入した「面積」及び「評価額」のうち、特例の対象として選択する部分を記入します。なおBの宅地等の場合は、上段に「特定同族会社事業用宅地等」として選択する部分の、下段に「貸付事業用宅地等」として選択する部分の「面積」及び「評価額」をそれぞれ記入します。
「2　左記の宅地等のうち選択特例対象宅地等」に記入した宅地等の「面積」及び「評価額」は、「申告書第11・11の2表の付表1」の「2小規模宅地等の明細」の「③取得者の持分に応ずる宅地等の面積」欄及び「④取得者の持分に応ずる宅地等の価額」欄に転記します。
(4)　「3　特例の対象とならない宅地等（1-2）」には、「1　持分に応じた宅地等」から「2　左記の宅地等のうち選択特例対象宅地等」に記入した「面積」及び「評価額」を差し引いた、特例の対象とならない宅地等について記入します。この欄に記入した「面積」及び「評価額」は、申告書第11表に転記します。

宅地等の取得者氏名	高橋　春子		⑭持分割合	1／1		
	1　持分に応じた宅地等		2　左記の宅地等のうち選択特例対象宅地等		3　特例の対象とならない宅地等（1-2）	
	面積（㎡）	評価額（円）	面積（㎡）	評価額（円）	面積（㎡）	評価額（円）
A	②×⑭	⑧×⑭				
B	③×⑭	⑨×⑭				
C	④×⑭ 90	⑩×⑭ 23,616,000	90	23,616,000		
D	⑤×⑭	⑪×⑭				
E	⑥×⑭ 60	⑫×⑭ 19,200,000	60	19,200,000		
F	⑦×⑭	⑬×⑭				

宅地等の取得者氏名			⑮持分割合	／		
	1　持分に応じた宅地等		2　左記の宅地等のうち選択特例対象宅地等		3　特例の対象とならない宅地等（1-2）	
	面積（㎡）	評価額（円）	面積（㎡）	評価額（円）	面積（㎡）	評価額（円）
A	②×⑮	⑧×⑮				
B	③×⑮	⑨×⑮				
C	④×⑮	⑩×⑮				
D	⑤×⑮	⑪×⑮				
E	⑥×⑮	⑫×⑮				
F	⑦×⑮	⑬×⑮				

5 受託者の税務（法定調書の作成）

受託者は、所得税や相続税の納税義務がありませんが、何も税務関係の仕事をしなくていいということではありません。法定調書を作成することになります。鈴木ハウス信託で必要になるのは、信託に関する受益者別（委託者別）調書と信託に関する受益者別（委託者別）調書合計表、ならびに、信託に関する計算書と信託の計算書合計表です。なお、合計表についての説明と記載例を省略しています。調書の提出先は、受託者の信託事務を行う営業所等の所在地の所轄税務署長ですが、本事例では、受託者高橋春子の自宅で信託事務を行っていることから、受託者高橋春子の住所地の所轄税務署長となります。

(1) 信託に関する受益者別（委託者別）調書（令和2年8月31日提出）

信託に関する受益者別（委託者別）調書があります。これは相続税法59条において定められた調書で、提出が要求されるのは下記の事情が生じたときです。

　一　信託の効力が生じたこと

　二　受益者等が変更されたこと

　三　信託が終了したこと

　四　信託に関する権利の内容に変更があつたこと

鈴木ハウス信託の場合、令和2年4月1日に効力が生じましたが、この時点では信託に関する受益者（委託者別）調書の提出は不要と考えます。なぜならば、委託者＝受益者の自益信託で相続税や贈与税が生ずることがないからです（相規30⑦五イ(4)）。

令和2年7月29日に太郎が死亡し、受益者が秋子に変更となることにより、秋子に相続税の納税義務が生じることから調書の提出が必要となり、提出期限は事由が生じた日の属する月の翌月末日とされているので、この場合は令和2年8月31日が調書の提出期限となります。提出先

信託に関する受益者別（委託者別）調書

受益者 特定委託者 又は 委託者	住所（居所）	△△区〇〇〇1-2-3	氏名又は名称	鈴木　秋子
			個人番号又は法人番号	省略
	又は		氏名又は名称	
			個人番号又は法人番号	
	所在地	△△区〇〇〇1-2-3	氏名又は名称	鈴木　太郎
			個人番号又は法人番号	省略

○「個人番号又は法人番号」欄に個人番号（12桁）を記載する場合には、右詰で記載します。

信託財産の種類	信託財産の所在場所	構造・数量等	信託財産の価額
土地　建物　金銭	△△区〇〇〇1-2-3		58,040,000

信託に関する権利の内容	信託の期間	提出事由	提出事由の生じた日	記　号　番　号
	自 R2・4・1 至 秋子死亡時日	受益者変更	R2・7・29	

(摘要) **変更前受益者　鈴木　太郎　△△区〇〇〇1-2-3** （令和 2 年 8 月 31 日提出）

受託者	所在地又は住所(居所)	△△区〇〇〇1-2-3　　　（電話）
	営業所の所在地等	（電話）
	名称又は氏名	高橋　春子
	法人番号又は個人番号	

整　理　欄	①	②

は、高橋春子住所地の所轄税務署長です。ただし、受益者別に評価した信託財産の価額が50万円以下の場合は、提出義務はありません（相規30⑦一）。

　受益者の氏名は鈴木秋子としています。この調書の趣旨が相続税や贈与税の納税義務者の把握であるからです。そして、摘要部分に変更前の受益者の氏名と住所を記載しています。

　信託財産の価額は、本来ならば、財産をすべて相続時点の相続税評価額で記載すべきところですが、相続月の翌月で評価計算が難しいこと、信託開始時（令和2年4月1日）から4か月弱ほどしか経過しておらず、著しい財産の変動がなかったことから令和2年4月1日時点の信託元本の残高を記載しています。信託の期間はこの調書では相続税や贈与税の課税時期の把握を目的としているため、信託の効力発生日（令和2年4月1日）から秋子の死亡日までと記載しました。

信 託 の 計 算 書

（自 **令和2**年 **4**月 **1**日 至 **令和2**年 **12**月 **31**日）

信託財産に帰せられる収益及び費用の受益者等	住所（居所）又は所在地	△△区○○○1-2-3				
	氏名又は名称	第1受益者 鈴木 太郎 第2受益者 鈴木 秋子	番 号			省 略
元本たる信託財産の受益者等	住所（居所）又は所在地	同 上				
	氏名又は名称	同 上	番 号			省 略
委 託 者	住所（居所）又は所在地	△△区○○○1-2-3				
	氏名又は名称	鈴木 太郎	番 号			省 略
受 託 者	住所（居所）又は所在地	△△区○○○1-2-3				
	氏名又は名称	高橋 春子 　　（電話）				
	計算書の作成年月日	令和3年 1月 31日	番 号			

信託の期間	自 令和2年 4月 1日 至 令和2年 12月 31日	受益者等の異動	原 因	鈴木太郎の死亡
信託の目的	鈴木太郎と秋子の生活支援のための財産管理と円滑な財産承継		時 期	令和2年7月29日

受益者等に交付した利益の内容	種 類	金銭	受託者の受けるべき報酬の額等	報酬の額又はその計算方法	
	数 量	3,545,000		支払義務者	
	時 期	随時		支払時期	
	損益分配割合			補てん又は補足の割合	

収 益 及 び 費 用 の 明 細

収益の内訳		収益の額			費用の内訳		費用の額		
収 益	賃料収入	4	500	000 円	費 用	租税公課	330	000 円	
						修繕費	300	000	
						管理諸費	540	000	
	合　計	4	500	000		合　計	1	170	000

資 産 及 び 負 債 の 明 細

資産及び負債の内訳		資産の額及び負債の額			所 在 地	数 量	備 考
資 産	預 金	1	785	000 円	○○銀行△支店		
	建 物	16	400	000	△△区○○○1-2-3		
	土 地	40	140	000	同 上		
	合　計	58	325	000	（摘要）		
負 債	預り金		500	000			
	合　計		500	000			
	資産の合計－負債の合計	57	825	000			

整 理 欄	①	②

○番号欄に個人番号（12桁）を記載する場合には、右詰で記載します。

116

(2)　第1期信託の計算書（令和3年1月31日提出）

　民事信託の受託者については、各人別の信託財産に帰せられる収益の額が3万円以下の場合を除いて、信託の計算書を毎年1月31日までに税務署に提出しなければなりません。鈴木ハウス信託の場合、令和3年1月31日から信託の計算書の高橋春子の住所地の所轄税務署長への提出が始まります。

　信託の計算書には、信託の計算期間（通常1年間）の収支、期末の残高、受益者への分配、受託者の報酬額を記載します。

　鈴木ハウス信託の信託の計算期間は12月31日を一区切りとして計算しますから、第1期は令和2年4月1日から同年12月31日までです。これを「信託の期間」として記載しました。信託財産に帰せられる収益及び費用の受益者等と元本たる信託財産の受益者等に分かれてるのは、受益権が収益受益権と元本受益権のように質的に異なる形で分割された場合（受益権が複層化された場合）を想定しているからです。しかし、鈴木ハウス信託の受益権は複層化されていないことから、受益者名等は同じものを記載します。なお、第1期（令和2年4月1日～同年12月31日）において受益者が鈴木太郎から鈴木秋子に変更していることから、両名の情報を記載しました。

　財務関係の記載内容は、第1期末に作成した損益計算書と貸借対照表の内容を調整して記載しています。この信託は生活支援のための不動産管理であり、調書作成の目的は所得の把握であることから、「受益者等に交付した利益の内容」については、損益計算書の生活費として支払った金額等を記載しました。損益計算書の不動産経費の中には私的費用部分もありますが、この調書において申告書レベルの厳密な数値というよりも、申告期限前でありアバウトな申告所得の情報の記載の提供であっても問題はないと考え、不動産経費の各勘定科目の金額を信託の計算書の費用の額として記載しました。

信 託 の 計 算 書

(自 **令和** 3 年 1 月 1 日 至 **令和** 3 年 12 月 31 日)

○番号」欄に個人番号（12桁）を記載する場合には、右詰で記載します。

信託財産に帰せられる収益及び費用の受益者等	住所（居所）又は所在地	△△区○○○1−2−3			
	氏名又は名称	鈴木 秋子	番号		省略
元本たる信託財産の受益者等	住所（居所）又は所在地	同上			
	氏名又は名称	同上	番号		省略
委託者	住所（居所）又は所在地	△△区○○○1−2−3			
	氏名又は名称	鈴木 太郎	番号		省略
受託者	住所（居所）又は所在地	△△区○○○1−2−3			
	氏名又は名称	高橋 春子　（電話）			
	計算書の作成年月日	令和4年 1月 31日	番号		

信託の期間	自 **令和** 3年 1月 1日 至 **令和** 3年 12月 31日	受益者等の異動	原因	
信託の目的	鈴木太郎と秋子の生活支援のための財産管理と円滑な財産承継		時期	

受益者等に交付した利益の内容	種類	金銭	受託者の受けるべき報酬の額等	報酬の額又はその計算方法	
	数量	2,900,000		支払義務者	
	時期	随時		支払時期	
	損益分配割合			補てん又は補足の割合	

収 益 及 び 費 用 の 明 細

収益の内訳		収益の額	費用の内訳		費用の額
収益	賃料収入	4,750,000 円	費用	租税公課	410,000 円
				修繕費	5,000,000
				広告宣伝費	200,000
				支払利息	75,000
				管理諸費	720,000
	合計	4,750,000		合計	6,405,000

資 産 及 び 負 債 の 明 細

資産及び負債の内訳		資産の額及び負債の額	所在地	数量	備考
資産	預金	1,980,000 円	○○銀行△支店		
	建物	16,400,000	△△区○○○1−2−3		
	土地	40,140,000	同上		
	合計	58,520,000	（摘要）		
負債	預り金	250,000			
	借入金	5,000,000			
	合計	5,250,000			
資産の合計−負債の合計		53,270,000			

整理欄	①	②

118

⑶　第2期信託の計算書（令和4年1月31日提出）

　第2期の信託の計算書は第1期の信託の計算書と同様の方法で作成
し、令和4年1月31日に高橋春子の住所地の所轄税務署長に提出しまし
た。

⑷　信託に関する受益者別（委託者別）調書（令和4年7月31日提出）

　令和4年6月30日に鈴木秋子が死亡し、信託が終了したことから、帰
属権利者高橋春子が相続税の納税義務者となります。そこで、信託に関
する受益者別（委託者別）調書を、令和4年7月31日までに高橋春子住
所地の所轄税務署に提出する必要があります。なお、受益者の欄につい
ては、調書提出原因が信託の終了で、相続税の納税義務者となるのが帰
属権利者であることから、「受益者」を「帰属権利者」と書き直し、帰
属権利者高橋春子の氏名や住所を記載しました。信託財産の価額は令和
4年6月30日期の貸借対照表の「信託元本」の価額を記載しました。

信託に関する受益者別（委託者別）調書

帰属権利者 特定委託者 委託者	住所（居所）又は所在地	△△区〇〇〇1-2-3	氏 名 又 は 名 称	高橋　春子
			個人番号又は法人番号	省略
			氏 名 又 は 名 称	
			個人番号又は法人番号	
	所在地	△△区〇〇〇1-2-3	氏 名 又 は 名 称	鈴木　太郎
			個人番号又は法人番号	省略

信 託 財 産 の 種 類	信 託 財 産 の 所 在 場 所	構 造 ・ 数 量 等	信 託 財 産 の 価 額
土地　建物　金銭	△△区〇〇〇1-2-3		54,405,000

信託に関する権利の内容	信 託 の 期 間	提 出 事 由	提出事由の生じた日	記 号 番 号
	自 R2・4・1 至 R4・6・30	信託の終了	R4・6・30	

(摘要) 終了前受益者　鈴木　秋子　△△区〇〇〇1-2-3　　　（令和 4 年 7 月 31 日提出）

受託者	所在地又は住所（居所）	△△区〇〇〇1-2-3	（電話）
	営業所の所在地等		（電話）
	名称又は氏名	高橋　春子	
	法人番号又は個人番号		

整 理 欄	①	②

○個人番号又は法人番号「欄に個人番号（12桁）を記載する場合には、右詰で記載します。

(5) 第3期信託の計算書（令和5年1月31日提出）

　令和4年6月30日に秋子が死亡して信託は終了しますが、6か月間の信託期間があることから、第3期の信託の計算書も提出義務があります。期限は、信託期間の終了時期にかかわらず、令和5年1月31日までに高橋春子住所地の所轄税務署に提出します。

120

信 託 の 計 算 書

(自 令和 4 年 1 月 1 日 至 令和 4 年 6 月 30 日)

信託財産に帰せられる 収益及び費用の受益者等	住所(居所)又は所在地	△△区○○○1-2-3						
	氏 名 又 は 名 称	鈴木 秋子	番 号			省略		
元本たる信託財産の 受 益 者 等	住所(居所)又は所在地	同 上						
	氏 名 又 は 名 称	同 上	番 号			省略		
委 託 者	住所(居所)又は所在地	△△区○○○1-2-3						
	氏 名 又 は 名 称	鈴木 太郎	番 号			省略		
受 託 者	住所(居所)又は所在地	△△区○○○1-2-3						
	氏 名 又 は 名 称	高橋 春子 (電話)						
	計算書の作成年月日	令和 5 年 1 月 31 日 番 号						

信託の期間	自 令和 4 年 4 月 1 日 至 令和 4 年 6 月 30 日	受益者等 の 異 動	原 因	秋子の死亡による信託終了
信託の目的	鈴木太郎と秋子の生活支援のための 財産管理と円滑な財産承継		時 期	令和 4 年 6 月 30 日

受益者等に 交付した 利益の内容	種 類	金銭	受託者の 受けるべき 報酬の額等	報酬の額又は その計算方法	
	数 量	1,480,000		支払義務者	
	時 期	随時		支払時期	
	損益分配割合			補てん又は 補足の割合	

収 益 及 び 費 用 の 明 細

	収 益 の 内 訳	収 益 の 額		費 用 の 内 訳	費 用 の 額	
収 益	賃料収入	3 000 000	費 用	租税公課	200 000	
	権利金収入	250 000		支払利息	75 000	
				管理諸費	360 000	
	合 計	3 250 000		合 計	635 000	

資 産 及 び 負 債 の 明 細

	資産及び負債の内訳	資産の額及び負債の額	所 在 地	数 量	備 考
資 産	預 金	3 365 000	○○銀行△支店		
	建 物	16 400 000	△△区○○○1-2-3		
	土 地	40 140 000	同 上		
	合 計	59 905 000	(摘要)		
負 債	預り金	500 000			
	借入金	5 000 000			
	合 計	5 500 000			
資産の合計-負債の合計		54 405 000			

整 理 欄	①		②	

○ 番号欄に個人番号(12桁)を記載する場合には、右詰で記載します。

7

そして、事件は起こった

1　冬子がどなりこんできた

　ある晴れた日の午後、山田税理士は、秋子の突然の死ですっと終わっ
た鈴木ハウス信託の出来事を思い出しながら、資料の整理をしていまし
た。

山田税理士のひとりごと
鈴木さんの相談があってから信託が終了するまで4年
弱の期間だったけど、あっという間だったなあ。よく
わからないことが多く、必死で考えて、調べてあちこちに連絡とっ
て確認、依頼したら、いつのまにか信託が動き出してたなあ。信
託口口座も開設できたし、借入もいろいろあったけどできたし。
ほんと、振り返ってみたら何もかもうまくいったような気がする。
鈴木さんに神様がついていたのかな。それとも私が有能だったの
かなあ。私って、もしかしたらすごいのかも……。

そんな風に思いをめぐらし、まったりとコーヒーを飲んでいたら、
突然、春子から電話がかかってきました。

🙂 **山田**　もしもし、こんにちは。準確定申告も終了したので、これか
　　　ら相続税の申告の準備に取り掛かっています。
😊 **春子**　先生、大変です。大変なことが起こったのです。
🙂 **山田**　えっ?!何が起こったんですか。
😊 **春子**　冬子がどなりこんできて、私を訴えると言ってきたのです
　　　よ!
🙂 **山田**　えっ?!何ですって。

——そして、春子は冬子がどなりこんできた日のことを話し始めました。
その日、突然、冬子が春子宅にやって来ました。
玄関のドアを開けると、能面のように無表情な冬子が立っていました——

春子　あら、冬子、どうしたの。今日はいつもと違う感じなんだけど…

冬子　お母さんの相続について話があるんだけど。

春子　あ、そう。で何？

冬子　お母さんの相続人って、春子姉さんと私の２人よね。

春子　そうだけど。

冬子　どうして、私は相続できないの？私、この家の謄本とったのよ。お父さんが生きてた時からあなたの名義になっていたのね。

春子　あれは、信託といって仮の名義で財産を預かっていたけど、お父さんが生きていたときはお父さんが受益者で亡くなったらお母さんが受益者で、実質的にはお父さんやお母さんのものだったのよ。冬子、信託の話、お父さんが亡くなった時にしてたと思うけど…

冬子　私、知らないわよ。お父さんの遺言があってお金を姉さんよりは多くもらえるって聞いたことはあるけど、それしか覚えてない。

春子　自分がもらう財産のことしか覚えてないんだから。

冬子　じゃ、お母さんが亡くなったら誰の財産になるのよ。

春子　私だけど。だってお父さんがそうしてほしいっていったから、山田先生が提案して、信託という仕組み使って、お母さん亡くなったら私が引き継ぐことになったから。

冬子　どうして、私はもらえないの？お母さんの相続財産の半分は

もらえるはずよ。私はお母さんの相続人ですよ。お金はどうなってるの？

春子　お金はあんまし残ってないわよ。お母さんは家族には厳しいけれど他人には甘く、すぐ使う人だから。

冬子　だったら不動産半分頂戴よ。ほんとはお金がほしいけど…

春子　あなた、お父さんの相続の時に私よりお金もらったじゃない。お父さんも冬子にはお金を渡すが、家は春子に継がせたいといっていたし。

冬子　そんなこと私聞いていない。自分に都合のいいことばっかり言ってる。

春子　何言ってるのよ。あなた、お父さんやお母さんの面倒ちっともみなかったくせに、財産だけ巻き上げるなんて間違ってるわよ、冬子。

冬子　間違ってないわよ。知ってる？遺留分の侵害額請求って。遺言のせいでもらえるはずの相続財産がもらえなかった相続人が、財産もらった人から財産の取戻しや、財産の代わりにお金を払ってもらえる制度があるのよ。私のように、相続人なのに１円ももらえないような可哀想な人を救済するためのものよ。あなたに言ってもどうしようもないから、私、弁護士に頼んであなたを訴えます。私の取り分返してってね。
じゃ、法廷でお会いしましょう。

　　　──捨て台詞を吐いて、冬子は去っていきました──

春子　先生、どうして、こんな問題があるって言ってくださらなかったの。私は父の希望が叶えられみんなうまくいくと思ったから信託スキームでいいと思ったし、父も母もそう思ったのですよ。両親の死後に子供が法廷で喧嘩することになることなんて、誰も望んでいなかった。どうして、どうして教えてくださらなかったの！

2　遺留分の侵害額請求とは

　遺留分の侵害額請求（民法改正前は遺留分の減殺請求）といわれるものが民法にはあります。これは、たとえば、被相続人が家族（法定相続人）がいるにもかかわらず、愛人に全財産を渡すというような遺言を作成して、それが有効であった場合、被相続人の財産を基に生活をしようと考えていた家族が困ってしまうということから、一定の親族については、相続財産のうち一定の部分について取り戻しをすることができる制度です。改正前の民法では取り戻しできるのは実際の相続財産なので、ケースによっては、遺留分侵害者と相続人が財産を共有するような状態になり難しい問題も多く発生しました。そこで、民法の改正により、遺留分侵害についてはその侵害額を金銭で賠償することができるような制度に改められました。

　また、遺留分侵害額の計算の基礎となる財産は相続時の財産だけでなく生前の被相続人からの贈与財産も含まれ、改正以前は被相続人から相続人に対する贈与は、無期限に含めることができましたが、改正後は相続開始前10年間の贈与に限られます。

　たとえば、鈴木秋子が遺言で自分の全財産である鈴木ハウス（債務なし）を全部春子に相続させるというような遺言を書いたとします。これはシンプルな民法上行為ですので、民法で定めた遺留分の規定の適用があると考えます。その場合は、秋子の相続に関して冬子にどのくらいの遺留分があるのかを検討します。

　遺留分の基になる財産は、秋子が相続前に春子や冬子に贈与はしなかったとすると相続時の財産の価額がベースとなり、相続人は子供が2人であることから冬子の遺留分はその4分の1（2分の1×2分の1）相当額になります。

　つまり、冬子は春子に対して、遺留分の侵害として鈴木ハウスの4分の1相当額について請求することができます。おそらく、冬子はこの民

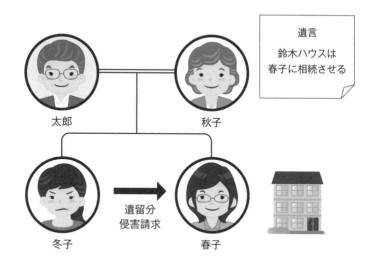

法の定めがあることから、春子に対して遺留分の侵害額請求をすると
言ったのだと思います。

遺言
鈴木ハウスは
春子に相続させる

太郎　　　　　　秋子

遺留分
侵害請求

冬子　　　　　　春子

3　信託の場合の遺留分の侵害額請求は

　さて、遺言で秋子が財産をすべて春子に渡すと書いて遺した場合、冬
子には遺留分の侵害額請求を春子に対して行うことはできます。それで
は、信託の場合はどうなるのでしょうか。

　鈴木ハウス信託において、誰に財産を渡すか決めたのは、鈴木太郎で
す。太郎が委託者として信託を設定し、太郎の生前は太郎を受益者と
し、太郎の死後は秋子を受益者とし、秋子が死亡した時点で信託は終了
し、残余財産は春子に渡されると指定しています。相続というのは、被
相続人の財産が包括承継されて相続人に移転されるという建付なのです
が、信託では、受益権という権利が、受益者の死亡により次の者に移転
するという形のものよりも、受益権がいったん消滅して新たな受益権が
委託者から次の受益者に与えられるという形をとっているものが多いで
す。鈴木ハウス信託の場合、帰属権利者の春子は、秋子から権利を承継

したというよりも太郎の指示で秋子の死亡により秋子の受益権は消滅し、太郎から直接、鈴木ハウスが渡されたとも考えられます。そうすると、秋子から春子は鈴木ハウスを取得したのではなく太郎から秋子の死後という条件で春子は鈴木ハウスを取得したものだから、遺留分の侵害額請求をするならば秋子の相続時ではなく、太郎の相続時にすべきであったという考え方があります。

　他方、信託法が民法を逸脱するような行為を認めるのは許しがたいということで、民法との平仄をとって、秋子の死亡により春子が秋子から残余財産を取得したことから、春子が遺留分を侵害したとして冬子は春子に遺留分の侵害額を請求できるという考え方もあります。

　現在、どちらが正しいというものではなく、2つの大きな考え方の間で実務が動き、その少し後から司法の判断が追いかけて行ってる状態です。今後の動向はいくつもの裁判事例の積み重ねの中で定まっていくのではないかと考えます。

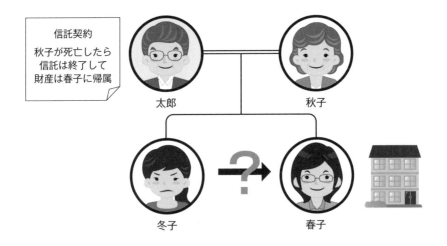

4　遺留分減殺請求の判決

　実は、民事信託における遺留分減殺請求をめぐる裁判は既に起こって

おり、平成30年9月12日に東京地裁で判決があり、一部、遺留分制度の潜脱として公序良俗に反して無効であると判断されました。

　この事例の場合、相続人は3人の子（長男、次男、次女）でした。父は多数の不動産を所有しており、そのうちの一部は収益不動産でした。これらの不動産と金銭について次男を受託者、第一次受益者を父、第二次受益者を子3人　ただし受益権割合は長男と次女は各6分の1、次男は6分の4とし、第一次受益者死亡後の受益権はすべて、次男の子らが均等に取得するというものでした。

　第一次相続の受益権割合を読むと、遺留分を考慮した割合ですが、受託者以外の受益者の受益権は権限の範囲が狭められ利益が限られるとして、長男が次男を遺留分減殺請求で訴えました。

　多様な論点のある事件でしたが、判決内容は信託契約全部を否定するのではなく、信託不動産のうち収益を生み出すものと生み出さないものに分け、収益を生み出す部分の信託は有効であるが、それ以外の部分については遺留分制度の潜脱として公序良俗に反して無効であるという判断がありました。

　この事案からすべての信託スキームにおいて遺留分が認められるかまでは判断はできません。なぜなら、この事案は委託者死亡という一次相続に起因した特殊な事例であり、秋子のケースのような二次相続の場合にどのように判断されるかまではこの判決からは読み切れません。

　信託を使って遺留分トラブルを回避するというスキームの提案をときどき耳にしますが、現状では、信託を利用した遺留分回避が可能か否か、可能ならばどのようなケースが可能なのかまでは明確ではありません。したがって、信託を提案する場合、グレーゾーンの遺留分の問題があるということを理解した上で、お話をされることが賢明ではないかと思います。

山田税理士のひとりごと

春子からの電話で、まったりとした気分が吹き飛んでしまった山田税理士は、過去の出来事を反芻しました。

　プレゼンテーションのとき、冬子さんは来れないって言ってたなあ。私は、冬子さんにも話をしてほしいというようなことを言ったけど。信託に遺留分の問題があるなんてあのとき思いつかなかった。

　私が冬子さんに話してくれと言ったら、太郎さんは信託とは別に遺言でお金を大目に冬子に渡しておくからそれで納得してもらおうと言ってたような記憶がある。太郎さんや秋子さん、春子さんにとっても冬子さんは腫物のような存在だったんだろうなあ。

　太郎さんは結局、鈴木ハウスを誰に渡したいのか、遺言で多くのお金を冬子さんに遺したのはなぜか、その理由を言わなかったんだろうな。太郎さんは言外の意味を冬子さんに察してほしいと思ったのでしょうけど、冬子さんの個性だとそれは無理な話。

　そういえば、信託の契約書について相談した時に、遺留分の問題があるかもしれないけど、信託の場合はどうなるかわからないからなあとか言ってたなあ。あの時、金融機関のことで頭を痛めていて、遺留分の問題は記憶に残らず、太郎さんたちに指摘できなかったなあ。秋子さんの相続なんて遠い未来の話だからと高を括っていたら、3年もたたずに秋子さんも亡くなってしまった。

　春子さんにどうして言ってくれなかったのと責められて。私は冬子さんに話しておいてくれって太郎さんに頼みましたよと言っても春子さんの怒りは収まらないだろうな。

　いずれにせよ、裁判沙汰になったら税理士の出る幕はない。顧問契約も解除かなあ。損害賠償で訴えられるのかなあ。

そんなことを考えながら憂鬱な気分で窓の外を見る山田税理士でした。

8

エンディング

1　委託者の希望の実現最大化≠残された家族の幸せの最大化

　さて、いかがでしたでしょうか。山田税理士が悪戦苦闘した太郎の希望を実現させるための民事信託のスキームは、秋子の死亡により信託が終了し一件落着となるところ、冬子が遺留分の侵害請求で訴えるとどなりこんできたことから新たな展開となりましたが、この物語は、ここでお開きとさせていただきます。

　信託は、委託者の希望を最大限実現させるために有効な方法と考えられます。太郎の希望は、鈴木ハウスの家賃で秋子の生活を守り、秋子の死後も春子に鈴木ハウスを引き継いでほしいということであり、そのために信託を利用しました。

　しかし、この信託スキームの選択は、太郎や秋子の死後、残された家族である春子と冬子の間に亀裂を生じさせる結果となりました。このような亀裂が生じないように、信託の過程において家族で話し合う機会を設け、遺留分についての情報を伝えるべきであったとも考えられますが、時計の針を元に戻すことはできません。

　想定外の事情に備えるために、事前に、柔軟に信託の変更ができるように設計をすることもできます。しかし、実際に運用されている民事信託の事例をみていますと、信託の変更ができないように設計しているものも多く、委託者の死後、家族間にトラブルが生ずるリスクをかかえているように思います。

　税理士の顧問業務は、顧問先の平穏な生活と安定した事業が基盤になっていることも多いので、もし、組成に関わるならば、将来トラブルが生じないように、そして万が一、トラブルが生じた場合でも円満に解決できるように信託を設計した方がいいと思います。

　エンディングとして、この書籍のキーポイントをまとめます。

キーポイント1　信託の肝は受託者

　信託の肝は受託者です。きちんと誠実に仕事をこなす受託者の存在なくして「いい信託」はありえません。信託のスキームを提案する場合は、受託者としてふさわしい人がいるかということを先に確認してからの方がいいかもしれません。

　受託者が、成年後見人のように委託者の財産を自分名義で預かってしまうことから、財産を私的に流用するリスクが常にあります。目の前にある財産の誘惑に負けない人というのはなかなかいないものです。受託者の行動をチェックする信託監督人や受益者代理人を設けることによりある程度はカバーできますが、限界もあります。適切な受託者が見つからない場合は信託スキームをあきらめた方がいいかもしれません。

キーポイント2　信託の組成は1人で抱え込まない

　顧問先に対して信託を組成したいけど、そんなに報酬も取れないから自分1人で信託を組成しようかと悩んでいる税理士の先生がいるかしれません。

　信託の契約書や遺言について雛型の掲載された書籍が発刊され、本書においても検討資料としての信託契約書案を掲載しましたが、信託の肝は遺言や契約書であり、これらに記載されている文言が若干異なることだけで結果が大きく異なる可能性が高くあり、信託に深くかかわったことがない税理士が1人だけで作り上げることは非常にリスクがあります。

　実際に信託を組成するときには、信託に詳しい公証人や弁護士や司法書士など法律の専門家と相談しながら作り、信託が実際に動き出した後も、そのような専門家と繋がりを持ち続けることが望ましいです。将来、思わぬトラブルが起きた場合の助けになるかもしれません。

キーポイント 3　　金融機関の対応は必ず事前確認する

　また、民事信託に対する金融機関の理解に温度差があることや、民事信託に関わる人の実務能力の問題などにより、金融機関で信託口口座が開設できない場合や、信託内借入ができない場合もあります。特に借入が信託スキームで重要な役割を占めている場合は、事前に金融機関に確認し、借入が難しい場合は、信託スキーム自体やめるべきだと思います。

キーポイント 4　　複雑なスキームは、税リスクも高い

　委託者や受益者が 1 人の場合の信託の税制は、信託という鎧を外し、受託者がいなかったとして取引を考えると非常に単純に答えがでます。

　しかし、複数の委託者や受益者が登場する場合、途中で受益者がいなくなってしまう場合、信託受益権が質的に違う形で分割された場合（収益受益権と元本受益権に分割された場合）や、裁量信託といって、複数の受益者がいて、誰にどれだけの利益を渡すかを受託者の判断で自由に設定できるような信託の場合は、現状の税制では答えが見つからない可能性や、重課になってしまう可能性が多くあります。

　ですから、信託税制を極める予定のない税理士にとっては複雑な信託スキームの組成は避けるべきです。

キーポイント 5　　そんなに難しいなら信託スキームは絶対反対と言うべきか

　ここまで書くと、信託なんて絶対にやめるべきかと思われる人が多いかもしれません。しかし、食わず嫌いもまた問題で、たとえば、顧問先に他の人が民事信託の提案をしてきたときに根拠なく民事信託なんて絶対にダメと言い張り続けると、顧問の先生自身への信頼を失わせてしまう要因になりかねません。反対に、このとき、提案された信託のどこが問題なのか、どこに将来リスクがあるのか、だから信託は問題だと指摘

すれば、この先生はわかっているとなります。理想を言えば、民事信託のスキームに顧問先が興味を示すということは、そこにお金を払ってでも解決したい顧問先のニーズがあるから、批判だけでなく、代替案を提案することです。別の手法でもいいですし、民事信託の範囲内で別の手法を提案することでもいいのです。日頃から、同業者や異業種の専門家と「意見交換」を行い、ネットワークを拡げておき、使える引き出しをいっぱい作っておくと、代替案の出せる税理士になることができると考えています。その引き出しの1つに民事信託というツールがあれば、それは強い武器になるのではないでしょうか。

索引

著者紹介

菅野 真美（すがの まみ）

菅野真美税理士事務所。税理士。社会福祉士・ＣＦＰ。東京税理士会芝支部所属。信託に関する著作、出稿、講演を多く行っている。

【主な著書】
『実例にみる信託の法務・税務と契約書式』（共著／2011年／日本加除出版）、『「信託」の基本と使い方がわかる本』(2016年／日本実業出版社)、『パッとわかる　家族信託コンパクトブック』（共著／2018年／第一法規）ほか

【記事・論考】
「信託と税金」（連載・信託フォーラム）、「家族信託の検討・設計・運営の流れと具体的な手続き」（2019年7月／税経通信）、「小規模事業が信託により運用される場合の課税の問題」（2018年3月／税研）ほか

サービス・インフォメーション

―――――――――――――――――――― 通話無料 ――――
①商品に関するご照会・お申込みのご依頼
　　　　　TEL 0120(203)694／FAX 0120(302)640
②ご住所・ご名義等各種変更のご連絡
　　　　　TEL 0120(203)696／FAX 0120(202)974
③請求・お支払いに関するご照会・ご要望
　　　　　TEL 0120(203)695／FAX 0120(202)973

●フリーダイヤル(TEL)の受付時間は、土・日・祝日を除く
　9：00～17：30です。
●FAXは24時間受け付けておりますので、あわせてご利用ください。

相続・事業承継に強くなる！
事例でわかる税理士のための民事信託
～「いつ・何を・どのように」がスラスラ頭に入る！～

2020年1月30日　初版発行
2020年4月5日　初版第2刷発行

著　者　菅　野　真　美

発行者　田　中　英　弥

発行所　第一法規株式会社
　　　　〒107-8560　東京都港区南青山2-11-17
　　　　ホームページ　https://www.daiichihoki.co.jp/

装　丁　タクトシステム株式会社

税理士民事信託　ISBN978-4-474-06858-2　C2034 (5)

Ⓒ 2020菅野真美